Inklusion KONKRET

Anni Kolvenbach



# Zeit der Veränderung

## - Sexualerziehung ab Klasse 6 -

# Biologie

Lernen mit Erfolg
KOHL VERLAG
www.kohlverlag.de

# Zeit der Veränderung

## Sexualerziehung ab Klasse 6

### Sonderpädagogisches Fördermaterial (LE)

3. Auflage 2024



Inhalt: Anni Kolvenbach
Illustrationen: © Scott Krausen
Coverbild: © ianrward, Avantgarde - AdoebStock.com
Redaktion: Kohl-Verlag
Grafik & Satz: Kohl-Verlag
Druck: Druckhaus Flock, Köln

**Bestell-Nr. 12 609**

**ISBN: 978-3-96624-303-2**

Bildquellen:
S. 4 © ianrward - AdobeStock.com

# Inhalt



KOHL VERLAG Zeit der Veränderung / Sexualerziehung ab Klasse 6 – Best.-Nr. 12 609

# Vorwort

Liebe Kolleginnen und Kollegen,

das Feld „Inklusion" rückt immer mehr in den Bereich der Regelschulen und gerade in den naturwissenschaftlichen Fächern ist das Material rar. Das hat mich ermutigt, mein über Jahre gesammeltes Material neu zu sortieren und zu veröffentlichen.

DAS Kind mit einer Lernbehinderung gibt es nicht; der Grad der Lernbehinderung ist so unterschiedlich, wie die Kinder selbst.

Nur, welche Anforderungen müssen die Kinder an einer Regelschule leisten? Wie hoch darf ich meinen Anspruch „schrauben"? Wie weit muss ich in meinen Erwartungen runter gehen? Diese Fragen stellt man sich meist, wenn man ein Kind mit einer Lernbehinderung nun in einem Klassenverband der Regelschule sitzen hat.
Die Antwort ist eigentlich recht einfach: Die zu bietenden Leistungen des Kindes sind der Anspruch der Lehrer•in. Viel zentraler ist, dass die Kinder dabei sind, dass das Thema das Gleiche ist.

<u>Dazu ein kurzes Beispiel</u>: Die Klasse liest im Biologiebuch etwas zur Pubertät. Die SuS bearbeiten die Aufgaben und übertragen ggf. Abbildungen in ihr Heft. Schon beim Lesen beginnt oft die Hürde für ein Kind mit einer Lernbehinderung. Andere können „vorlesen" und erfassen den inhaltlichen Sinn nicht, andere könnten den Inhalt erfassen, wenn der Text etwas einfacher und kürzer wäre. Aber was das Wesentliche ist: Alle Kinder beschäftigen sich mit dem gleichen Thema, nur jeder auf eine andere Art und Weise.

Da Sie die Kinder mit einer Lernbehinderung am besten beurteilen können, haben wir jedes Thema in drei Niveaustufen aufbereitet. Die Ampel signalisiert die Niveaustufen von 1 (ganz grundlegendes Niveau) bis 3 (inhaltlich selbst erfassendes Niveau).

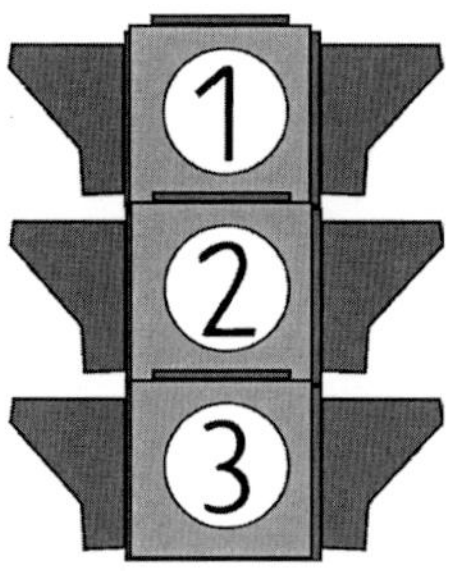


Und nun wünschen wir Ihnen viel Erfolg beim Einsatz unserer Kopiervorlagen- und Ideensammlung.

Der Kohl-Verlag und

**Anni Kolvenbach**

Name:______________________________

Klasse:______________________________

# Pubertät

Aufgabe: Verbinde. Wer ist wie alt?

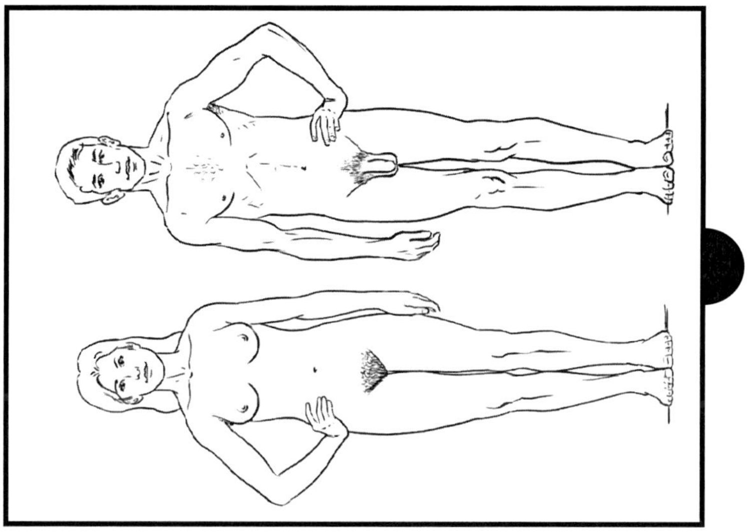

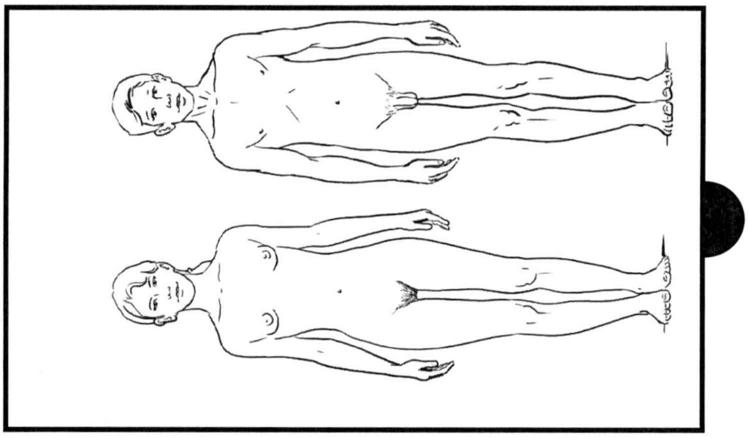

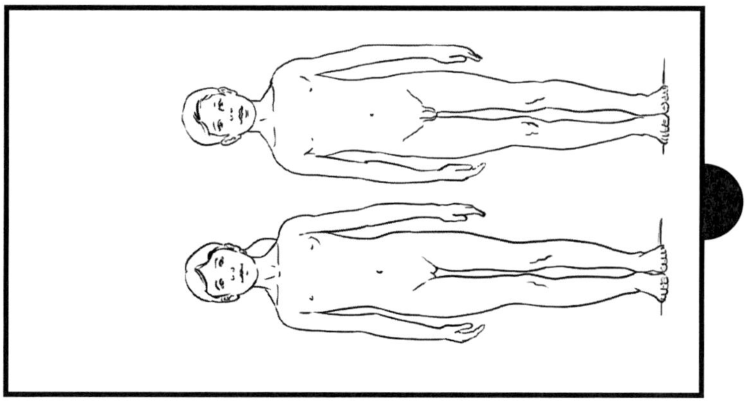

13 Jahre

10 Jahre

17 Jahre

Name:______________________________

Klasse:______________________________

# Pubertät

Aufgabe: Schneide aus und ordne zu.

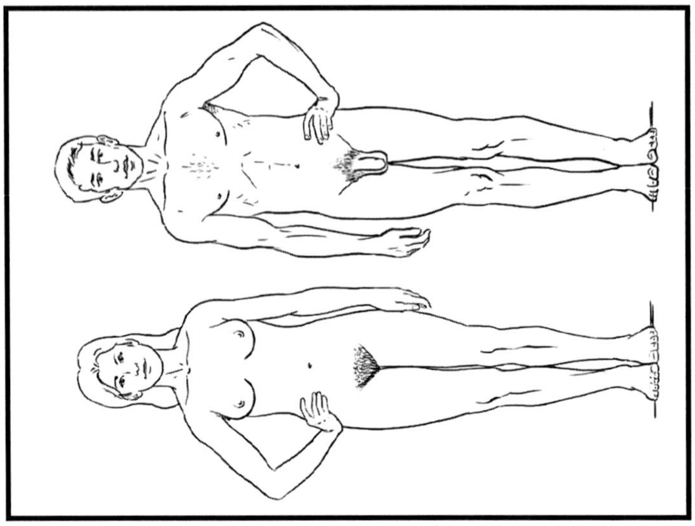

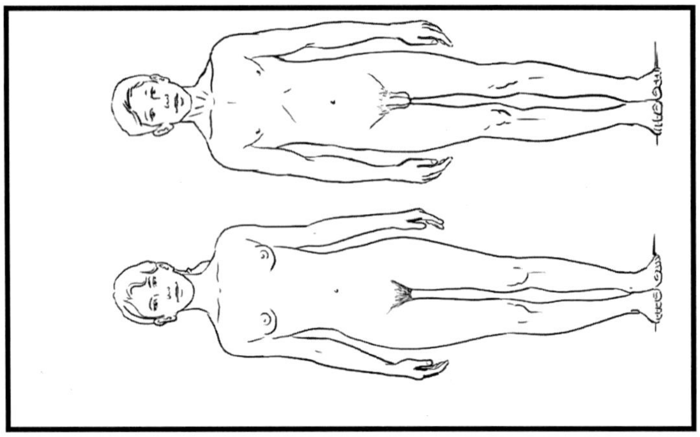

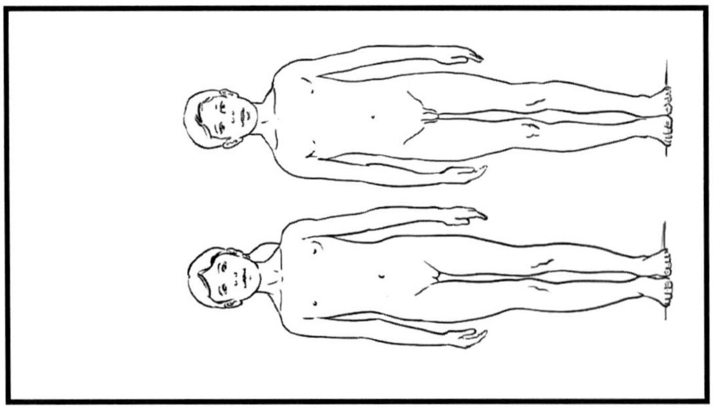

Mit 10 Jahren haben Jungen noch keine Brustbehaarung und Mädchen noch keine Brüste. Aber jetzt setzt die Zeit der Veränderung ein.

Mit 17 Jahren haben Jungen eine Behaarung im Brust- und Scharmbereich und bei Mädchen sind die Brüste gewachsen.

Mit 13 Jahren bekommen Jungen schon leichte Behaarung im Brust- und Scharmbereich und bei Mädchen wachsen langsam Brüste.

Name: ______________________________

Klasse: ______________________________

# Pubertät

Aufgabe: Lies den Text und vervollständige den lückentext.

Eben hast du noch gerne mit deinen Spielsachen gespielt und nun hast du kein Interesse

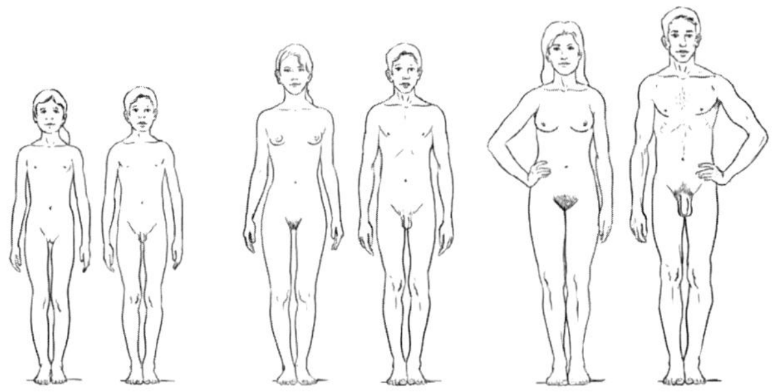

mehr daran. Das ist ganz normal. Du bist in der Pubertät. Es verändert sich dein Körper. Auch deine Gefühle ändern sich und du hast auf einmal ganz andere Interessen.

Zwischen 10 und 17 Jahren wachsen bei Jungen Brust- und Schamhaare. Auch bei Mädchen wachsen Schamhaare und sie bekommen Brüste. Dein Gehirn sorgt für diese Befehle, dass du dich so veränderst.

Dein ________________ verändert sich. Auch deine ________________ und ________________ sind nun ganz andere. Du bist in der ________________.

Zwischen 10 und 17 Jahren wachsen bei Jungen ____________- und Schamhaare.

Auch bei Mädchen wachsen ________________ und sie bekommen __________.

Den Befehl, dass du dich so veränderst, gibt das ______________.

Gefühle – Pubertät – Brüste – Körper – Interessen – Brust – Gehirn
Schamhaare

KOHL VERLAG Zeit der Veränderung / Sexualerziehung ab Klasse 6 – Best.-Nr. 12 609

Name: ____________________

Klasse: ____________________

# Vom Mädchen zur Frau

In der Pubertät bilden sich neue Stoffe in deinem Körper. Jetzt wirst du von einem Mädchen zu einer jungen Frau. Heute schauen wir uns an, was sich verändert.

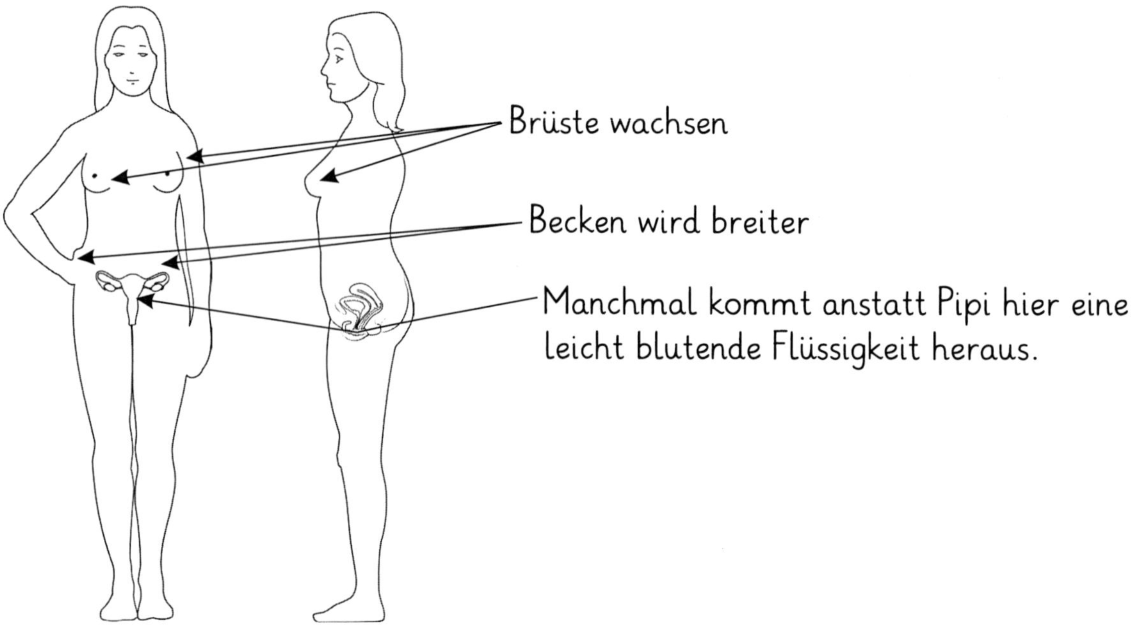


## Das sind die Geschlechtsorgane

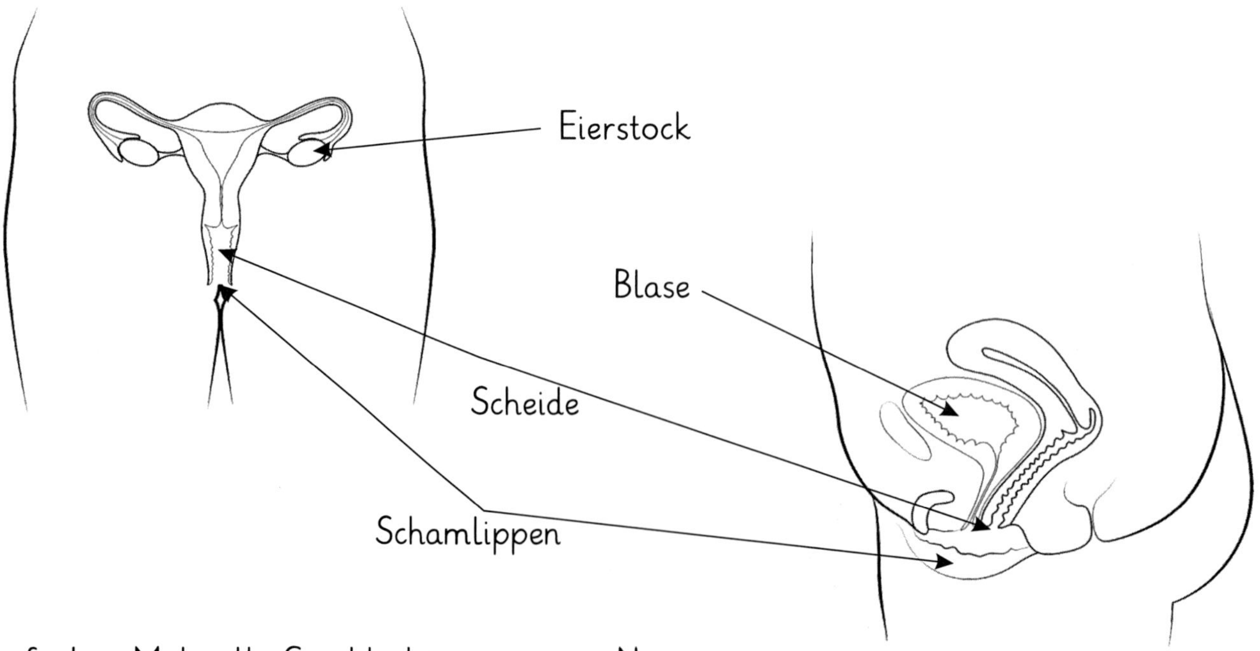


Aufgabe: Male alle Geschlechtsorgane mit Namensnennung rot an.

Name: ______________________________

Klasse: ______________________________

# Vom Mädchen zur Frau

Aufgabe: Schneide aus und ordne zu.

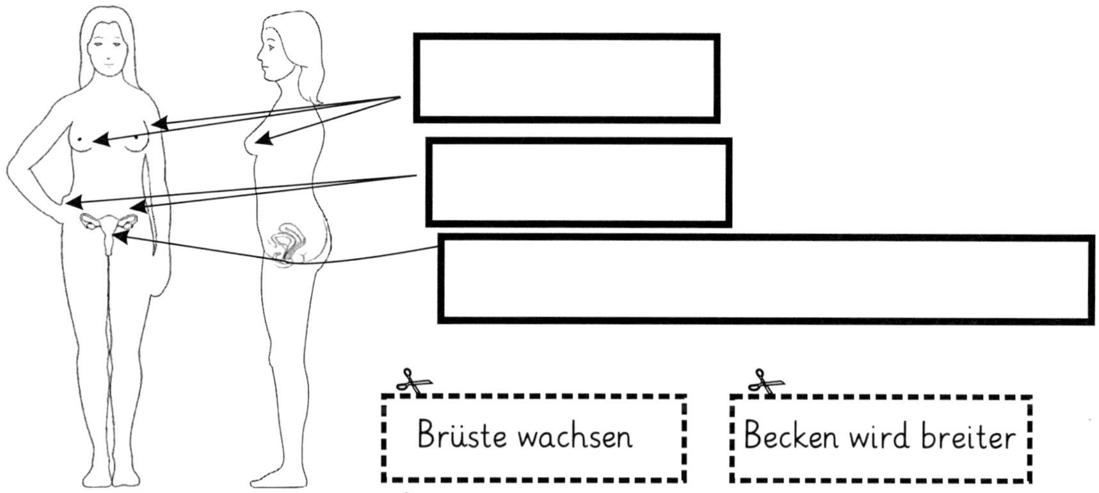

✂ Brüste wachsen

✂ Becken wird breiter

✂ Manchmal kommt anstatt Pipi hier eine leicht blutende Flüssigkeit heraus.

## Das sind die Geschlechtsorgane

✂ Eierstock

✂ Scheide

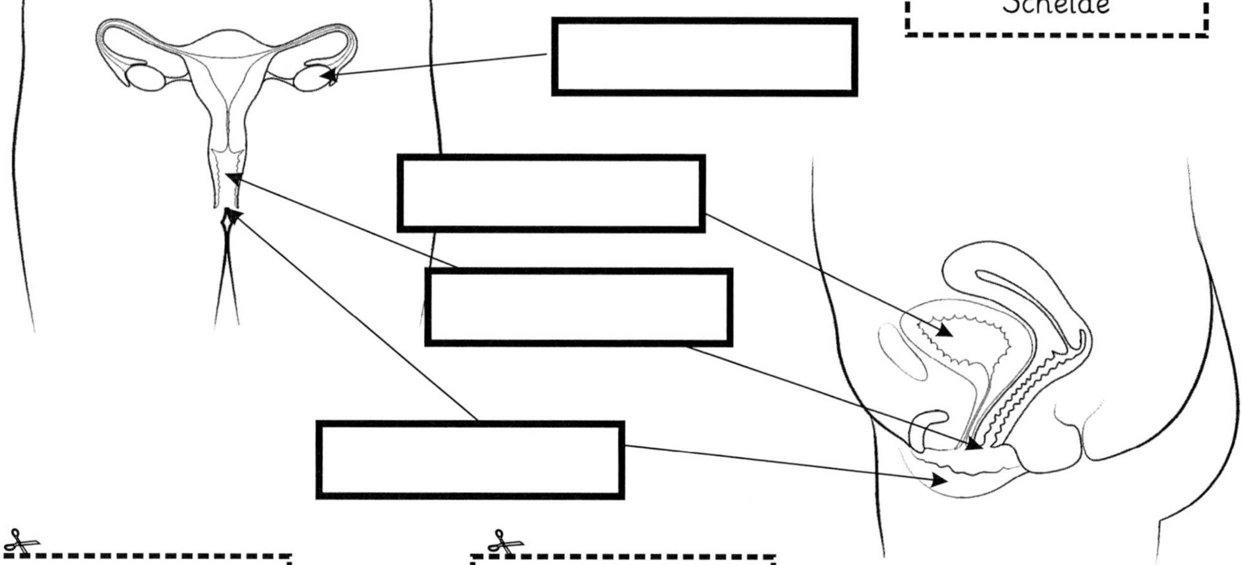

✂ Blase

✂ Schamlippen

Zeit der Veränderung / Sexualerziehung ab Klasse 6 – Best.-Nr. 12 609
KOHL VERLAG

Name: ________________________________

Klasse: ________________________________

# Vom Mädchen zur Frau

Aufgabe: Lies den Text und trage ein.

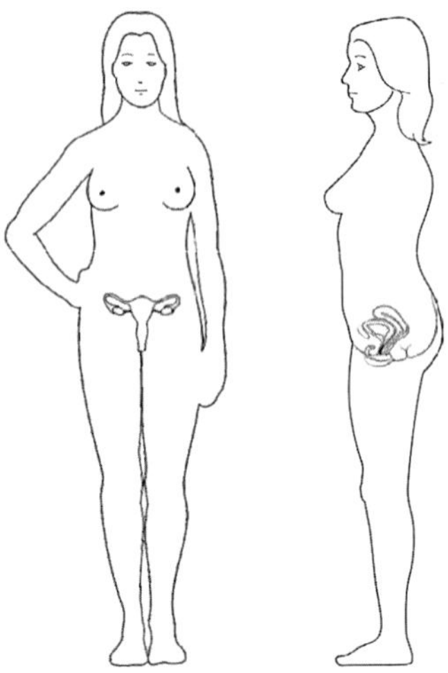

Nun ändert sich einiges, denn es bilden sich Hormone. Diese sorgen dafür, dass du vom Mädchen zur Frau wirst. Das dieses Hormon da ist, merkst du daran, dass die Brüste wachsen. Auch das Becken wird breiter. In bestimmten Abständen kommt statt Urin eine blutige Flüssigkeit. Das ist die Regelblutung. Das heißt, dass der erste Eisprung erfolgt ist und die Eizelle nicht befruchtet wurde. Sie stirbt ab und alles was vorbereitet war, muss ausgespült werden. Daher ist die Flüssigkeit leicht blutig.

## Das sind die Geschlechtsorgane

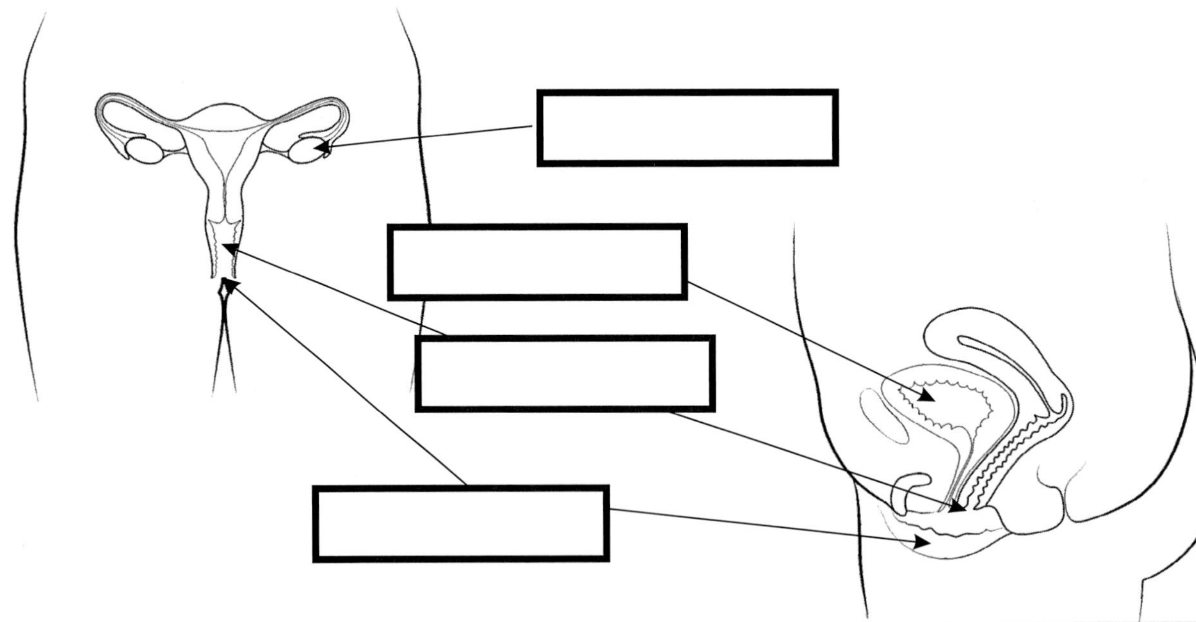

Blase – Eierstock – Schamlippen – Scheiden

Name: ____________________

Klasse: ____________________

# Vom Jungen zum Mann

In der Pubertät bilden sich neue Stoffe in deinem Körper. Jetzt wirst du von einem Jungen zu einem jungen Mann. Heute schauen wir uns an, was sich verändert.

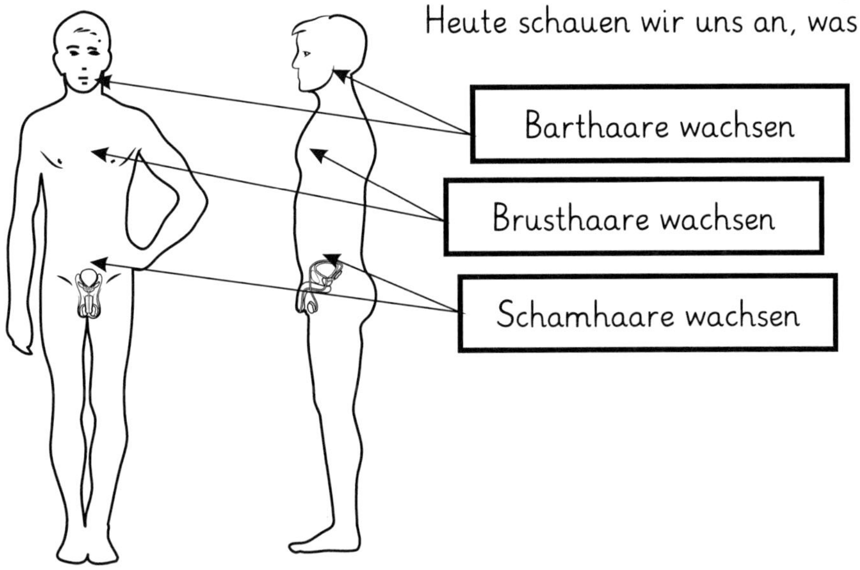


## Das sind die Geschlechtsorgane

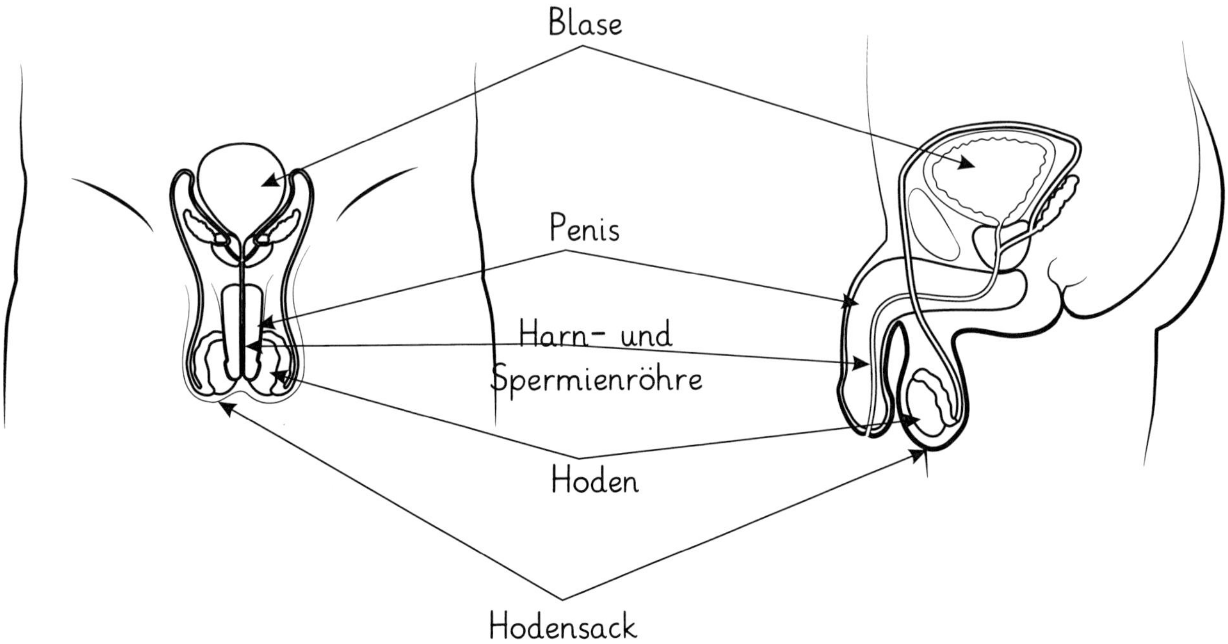


Aufgabe: Male alle Geschlechtsorgane mit Namensnennung rot an.

Zeit der Veränderung / Sexualerziehung ab Klasse 6 – Best.-Nr. 12 609
KOHL VERLAG

Name: ______________________________

Klasse: ______________________________

# Vom Jungen zum Mann

Aufgabe: Schneide aus, ordne zu und klebe ein.

Schamhaare wachsen

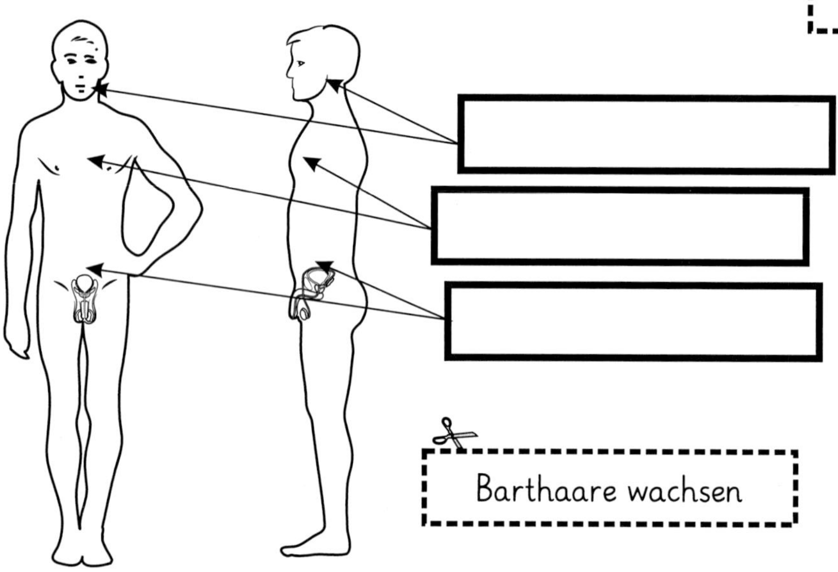

Barthaare wachsen

Brusthaare wachsen

## Das sind die Geschlechtsorgane

Hodensack

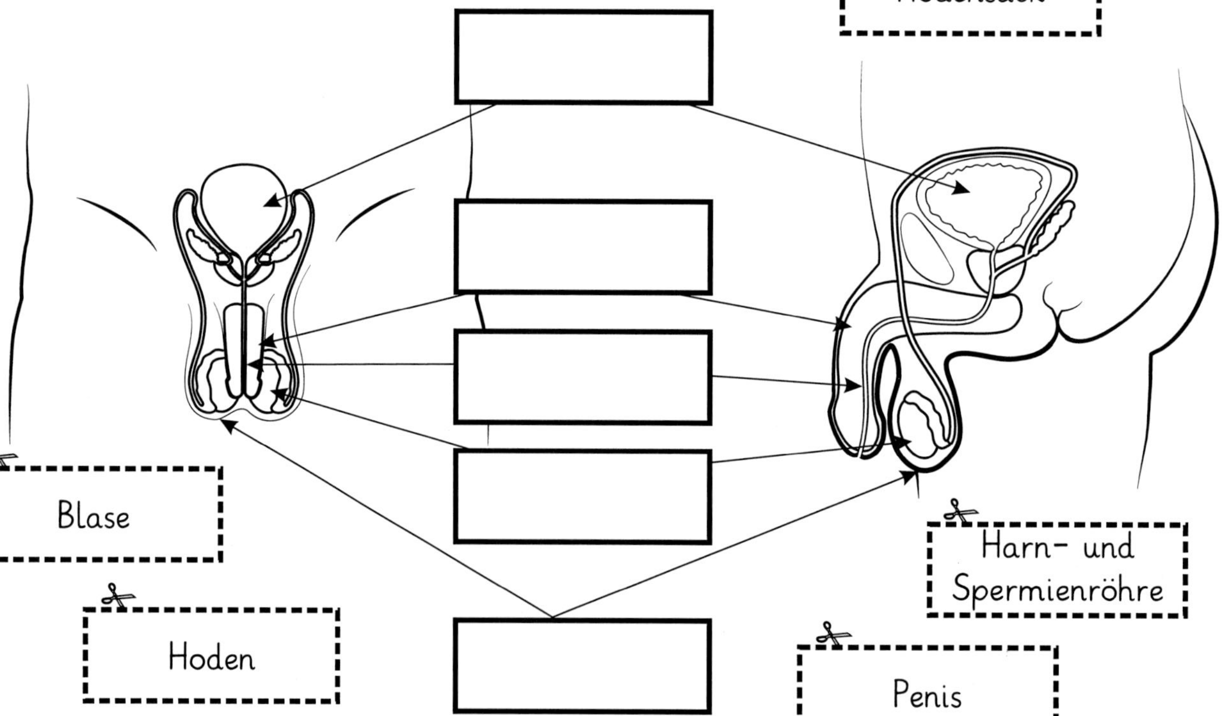

Blase

Harn- und Spermienröhre

Hoden

Penis

Name: ______________________________

Klasse: ______________________________

# Vom Jungen zum Mann

Aufgabe: Lies den Text und trage ein.

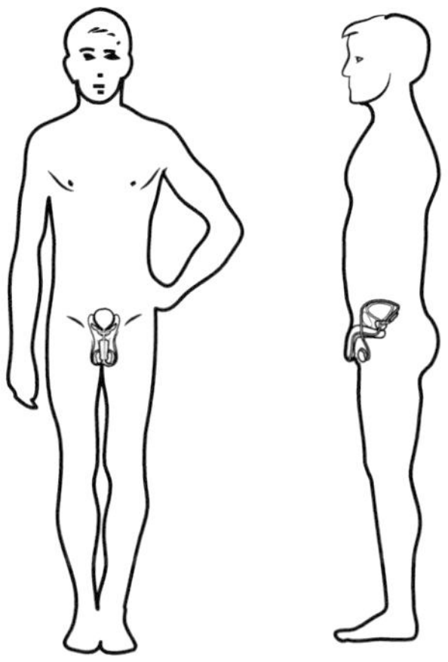

Nun ändert sich einiges, denn es bilden sich Hormone. Diese Hormone bilden sich im Hoden. Auch die Spermien bilden sich dort. Nun werden Jungen zu jungen Männern. Es wachsen Brusthaare, ein Bart und die Schambehaarung. Hin und wieder bekommen jungen einen Samenerguss. Das zeigt an, dass sie Kinder zeugen können.

## Das sind die Geschlechtsorgane

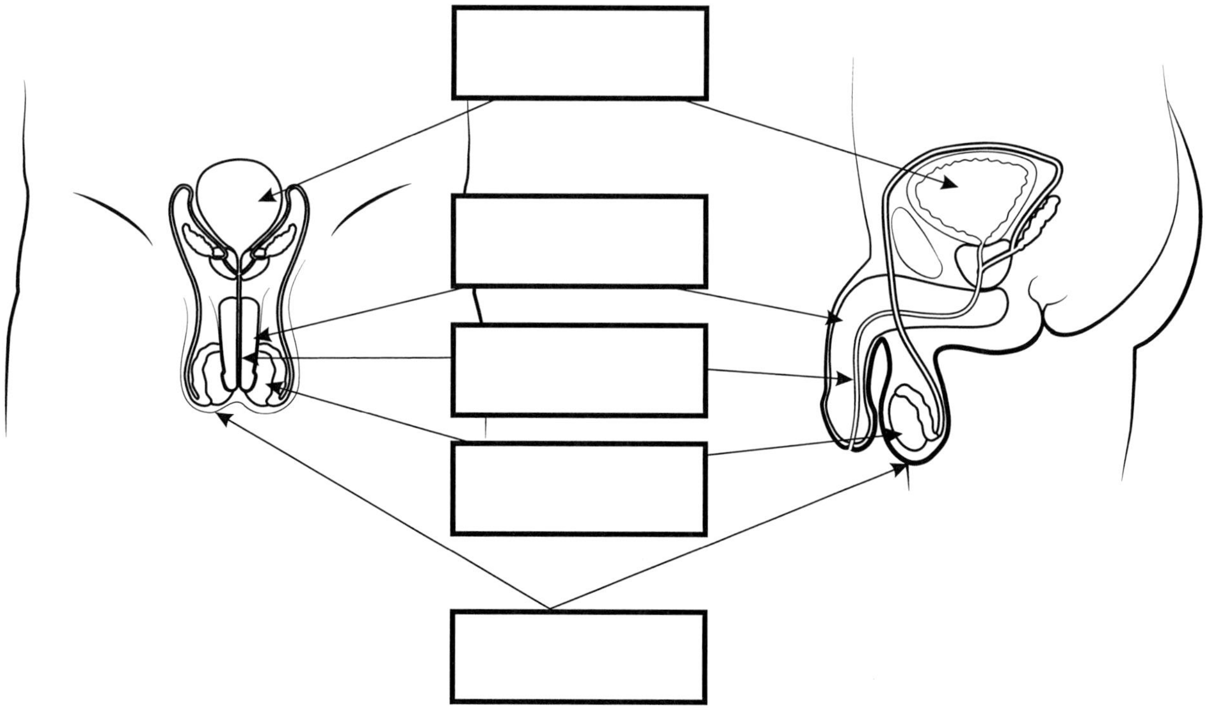

Hodensack – Harn – und Spermienröhre – Hoden – Blase – Penis

KOHL VERLAG Zeit der Veränderung / Sexualerziehung ab Klasse 6 – Best.-Nr. 12 609

Name:____________________

Klasse:____________________

# Ich pflege meinen Körper

Aufgabe: Schaue dir die Bilder an. Verbinde.

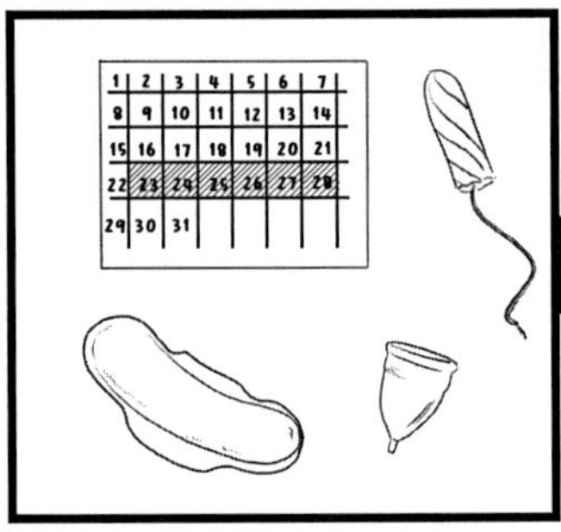

Jungen müssen auch ihren Penis waschen.

Man sollte sich nicht zu doll schminken.

Pickel darf man nicht ausdrücken.

Nach der Toilette müssen Jungs auch den Penis abwischen.

Beim Duschen müssen Mädchen auch die Scheide waschen.

Nach der Toilette müssen Mädchen auch die Scheide abwischen.

Mädchen tragen Tampons oder Slip-einlagen, gegen die Regelblutung.

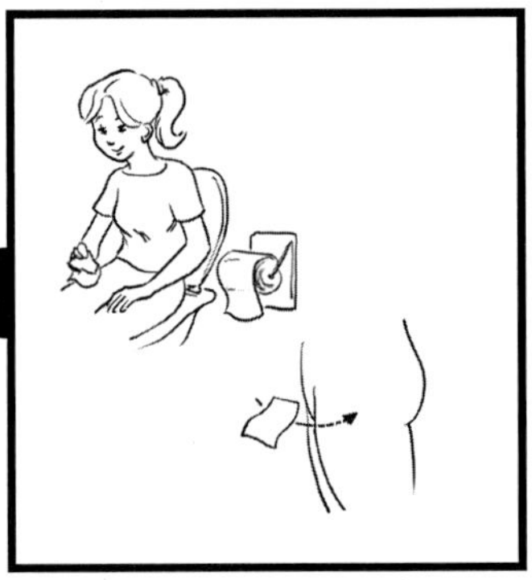

Name: ______________________________

Klasse: ______________________________

# Ich pflege meinen Körper

Aufgabe: Verbinde.

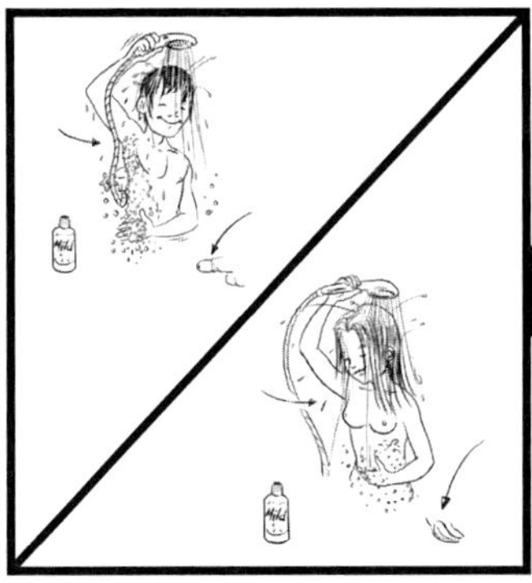

Mädchen tragen Tampons oder Slip-einlagen, gegen die Regelblutung.

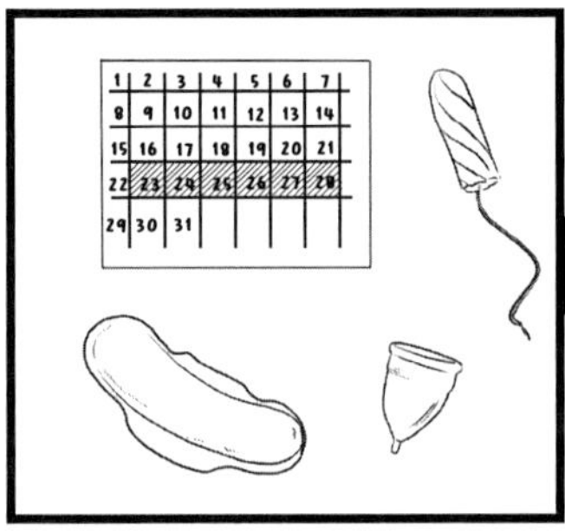

Jungen müssen auch ihren Penis waschen. Dabei ziehen sie etwas die Vorhaut zurück.

Man sollte sich nicht zu doll schminken.

Pickel darf man nicht ausdrücken. Benutze besser Hautreiniger.

Nach der Toilette müssen Jungs auch den Penis abwischen und dabei die Vorhaut etwas zurückziehen.

Beim Duschen müssen Mädchen auch die Scheide waschen.

Nach der Toilette müssen Mädchen auch die Scheide abwischen.

KOHL VERLAG Zeit der Veränderung / Sexualerziehung ab Klasse 6 – Best.-Nr. 12 609

Name: ______________________________

Klasse: ______________________________

# Ich pflege meinen Körper

Aufgabe: Vervollständige die Lückentexte.

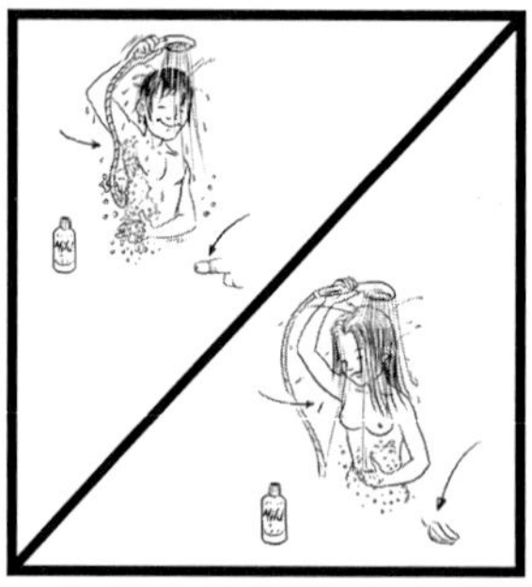

Beim Duschen sollten Mädchen und Jungen sich auch unter den ______________ waschen. Jungen waschen den ______________ und ziehen dabei die ______________ etwas zurück. Mädchen waschen ihre ______________.

Vorhaut – Penis – Achseln – Scheide

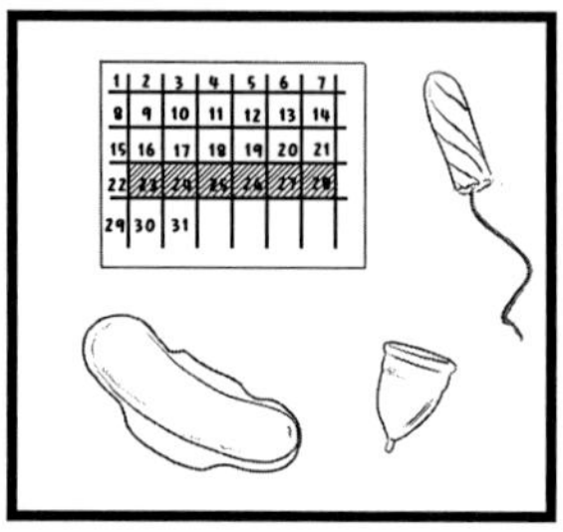

Mädchen haben die ______________. Damit es nicht die Unterhose verschmutzt tragen sie ______________ oder ______________, die in den Slip geklebt werden.

Tampons – Binden – Regelblutung

Nachdem Mädchen auf Toilette waren, sollten sie ihre ______________ abtrocknen. Jungen sollten die ______________ ihres ______________ zurückziehen und abtrocknen.

Penis<br>Scheide – Vorhaut

Wenn sich Mädchen ______________, dann macht die Schminke die ______________ zu. Es können sich ______________ bilden. Wenn du Schminke nutzt, dann wasche sie gut ab.

Pickel – schminken<br>Hautporen

Wenn man ______________ hat, so sollte man diese in gar keinem Fall mit den ______________ ausdrücken. So kommt ______________ in die offene Stelle.

Fingern – Dreck – Pickel

Name: ______________________________

Klasse: ______________________________

# Liebe kann so schön sein

Aufgabe: Liebe ist immer anders. Umkreise die Liebe der Freundschaft grün. Die Liebe mit großer Zuneigung, aber ohne Sexualität rot. Und die Liebe mit Sexualität grün.

Leonie liebt ihre Katze.

Julia und Dennis sind befreundet.

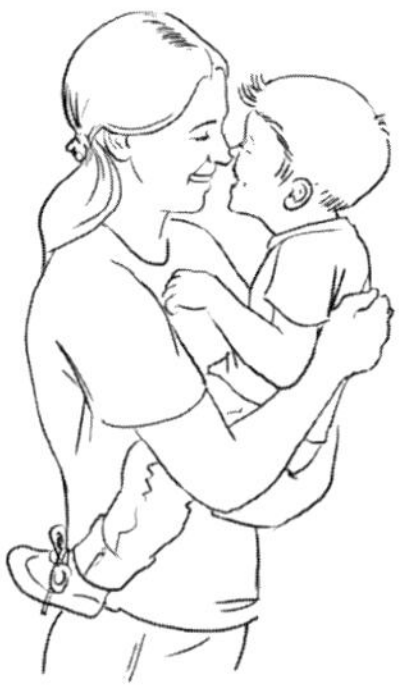

Mama Daniela liebt ihren Sohn Jona.

Tim liebt Simon.

Tina liebt David.

Oma Grete liebt ihren Opa Bernhard.

Zeit der Veränderung / Sexualerziehung ab Klasse 6 – Best.-Nr. 12 609
KOHL VERLAG

Name: ____________________________

Klasse: ____________________________

# Liebe kann so schön sein

Aufgabe: Schneide aus, ordne zu und klebe ein.

| Liebe der Freundschaft | Liebe mit großer Zuneigung, aber ohne Sexualität | Liebe mit großer Zuneigung, mit Sexualität |
|---|---|---|
| | | |

Tim liebt Simon.

Tina liebt David.

Oma Grete liebt ihren Opa Bernhard.

Leonie liebt ihre Katze.

Julia und Dennis sind befreundet.

Mama Daniela liebt ihren Sohn Jona.

Name: ______________________________

Klasse: ______________________________

# Liebe kann so schön sein

Aufgabe: Lies den Text und fülle den Lückentext aus.

Liebe ist ganz verschieden. Die Mutter Daniela liebt ihren kleinen Sohn Jona. Er mag es, wenn man miteinander kuschelt. Die Mutter zeigt ihre Liebe und das zeigt dem Kind, dass es beschützt wird. Er kuschelt sich fest an seine Mama.

Lisa hat ihre Katze Mausi total gerne. Sie kuschelt sie und das zeigt, dass sie sich gegenseitig mögen.

David und Tina haben sich in der Schule kennen gelernt. Nun „gehen" sie miteinander. Sie küssen sich und kuscheln. Da David ein Junge ist und Tina ein Mädchen, sind sie heterosexuell.

Bei Simon und Tim ist das ähnlich. Sie lieben sich genauso und haben die gleichen Gefühle wie David und Tina. Sie kuscheln und küssen sich. Simon und Tim sind zwei Jungen und deshalb sind sie homosexuell. Das sagt man auch, wenn zwei Mädchen sich lieben.

Liebe ist immer etwas anders. Die Mutter ____________ ihr Kind. Sie kuscheln zusammen und diese Form der Liebe zeigt ____________________ und beschützt das Kind. Lisa mag ihre Katze. Sie kuschelt sie fest an sich und hat sie ganz lieb. Sie ______________ sich gegenseitig. David und Tina gehen miteinander. Sie halten Händchen und küssen. Da Tina ein Mädchen ist und David ein Junge, sind sie ____________________. Simon und Tim und Marie und Leonie gehen auch miteinander. Sie halten auch Händchen und küssen. Da sie aber ein ____________ und ein Junge oder ein Mädchen und ein Mädchen sind, sind sie

_________________________.

heterosexuell – liebt – homosexuell – mögen – Zuneigung – Junge

KOHL VERLAG Zeit der Veränderung / Sexualerziehung ab Klasse 6 – Best.-Nr. 12 609

Name:______________________________

Klasse:______________________________

# Ich bin ich

<u>Aufgabe</u>: Schaue dir die Bilder an. Darf man das einfach tun?

Name: ______________________________

Klasse: ______________________________

# Ich bin ich

Aufgabe: Lies den Text. Schneide aus, ordne zu und klebe ein.

In der Pubertät ist es nicht immer einfach. Manchmal gibt es Streit oder man ärgert sich sehr über andere Menschen. Auch kann man Gefühle des Glücks und der Liebe viel extremer empfinden als normal. Aber man fühlt sich auch manchmal schlapp und lustlos. Nun muss die eigene Batterie wieder aufgeladen werden. Man muss schauen, dass man den Tag relaxt und zufriedener macht.

| Freunde treffen | Süßigkeiten essen |
|---|---|
| kuscheln und schmusen | Sport treiben |

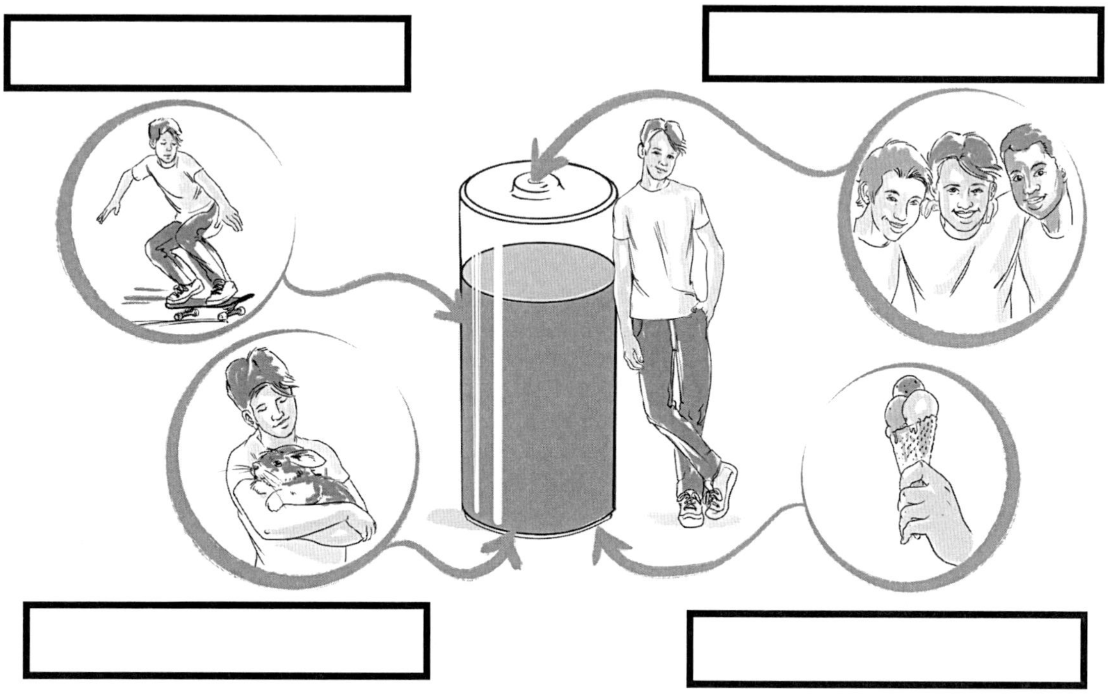

Zeit der Veränderung / Sexualerziehung ab Klasse 6 – Best.-Nr. 12 609
KOHL VERLAG

Name: ________________________________

Klasse: ________________________________

# Ich bin ich

Aufgabe: Lese durch und trage ein.

In der Pubertät ist es nicht immer einfach. Manchmal gibt es Streit oder man ärgert sich sehr über andere Menschen. Auch kann man Gefühle des Glücks und der Liebe viel extremer empfinden als normal. Aber man fühlt sich auch manchmal schlapp und lustlos. Nun muss die eigene Batterie wieder aufgeladen werden. Man muss schauen, dass man den Tag relaxt und zufriedener macht. Wenn du aber etwas für falsch oder unangenehm hältst, dann sage klar und deutlich „NEIN!". Du kannst deine Probleme auch mit deinen Eltern oder Freunden besprechen.

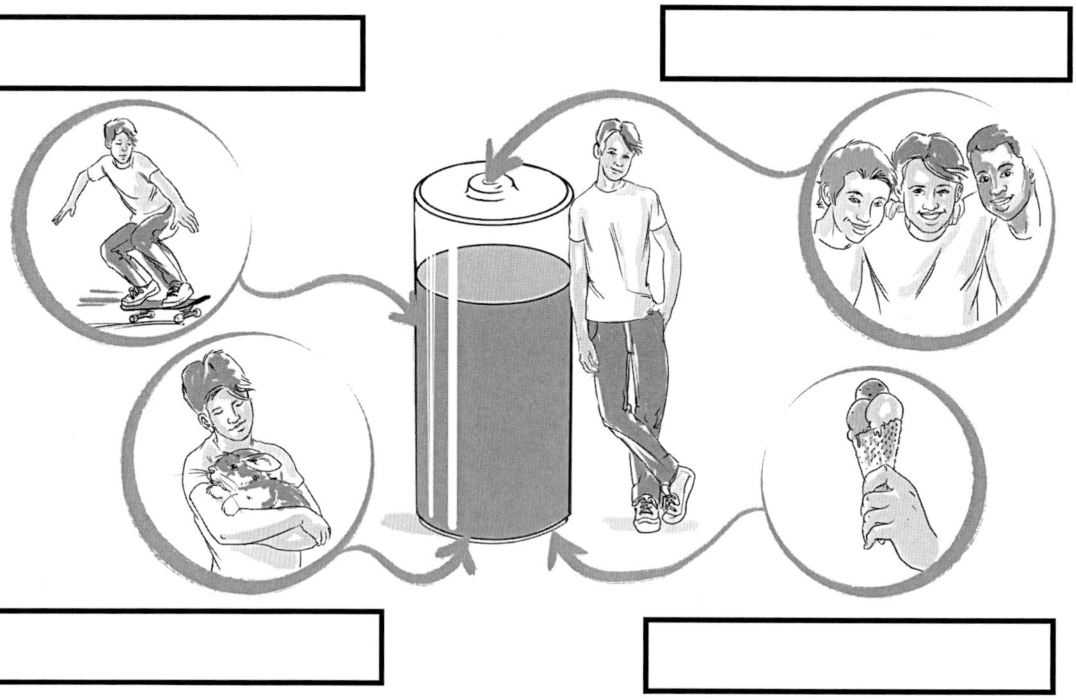

Freunde treffen – kuscheln und schmusen – Süßigkeiten essen
Sport treiben

Name: ______________________________

Klasse: ______________________________

# Sexualität des Menschen

Aufgabe: Wenn man sich mehr, als nur mag, so ist man auch an sexuellen Kontakten interessiert. Sprich über die Bilder und die Kurztexte.

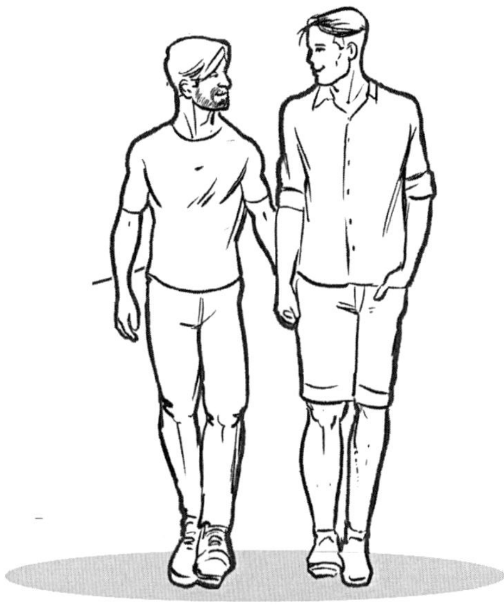

Es ist egal, wen man liebt. Jede Beziehung soll von Herzen kommen. Sie muss aber ehrlich sein. Jeder hat in einer Beziehung die gleichen Rechte. Keiner ist mehr wert, als der andere. Wer jemanden liebt, der tut dem anderen nichts Böses an.

KOHL VERLAG Zeit der Veränderung / Sexualerziehung ab Klasse 6 – Best.-Nr. 12 609

Name: ________________________________

Klasse: ________________________________

# Sexualität des Menschen

Aufgabe: Lies den Text. Umkreise anschließend, ob die Aussage stimmt oder ob sie falsch ist.

Liebe sollte vom Herzen kommen. Dabei ist es egal, wen du liebst. Es ist in einer Beziehung ganz wichtig, dass keiner besser oder schlechter ist als der andere. Jeder hat gute und schlechte Seiten. Jeder hat daher gleich viel zu sagen. Liebe heißt einander zu vertrauen. Daher darf man keine Sachen beim anderen tun, die er oder sie nicht will. Jeder Mensch fühlt gleich, wenn er verliebt ist. Dabei ist es egal, ob man einen Mann oder eine Frau liebt. Du darfst keinen verletzen. Sprecht offen miteinander.

| | | |
|---|---|---|
| Es ist egal wen du liebst. | stimmt | stimmt nicht |
| Jeder Mensch hat nur schlechte Seiten. | stimmt | stimmt nicht |
| Man darf keine Sachen tun, den der oder die andere nicht will. | stimmt | stimmt nicht |
| Jeder Mensch ist gleich, egal wen er liebt. | stimmt | stimmt nicht |
| Man sollte offen miteinander sprechen. | stimmt | stimmt nicht |

Name: ______________________________

Klasse: ______________________________

# Sexualität des Menschen

Aufgabe: Lies den Text und fülle den Lückentext aus.

Liebe sollte vom Herzen kommen. Dabei ist es egal, wen du liebst. Es ist in einer Beziehung ganz wichtig, dass keiner besser oder schlechter ist als der andere. Jeder hat gute und schlechte Seiten. Jeder hat daher gleich viel zu sagen. Liebe heißt einander zu vertrauen. Daher darf man keine Sachen beim anderen tun, die er oder sie nicht will. Jeder Mensch fühlt gleich, wenn er verliebt ist. Dabei ist es egal, ob man einen Mann oder eine Frau liebt. Du darfst keinen verletzen. Sprecht offen miteinander. Vor allem über eure Gefühle. Sprecht auch darüber was ihr mögt und was ihr überhaupt nicht mögt. Vielleicht findet ihr ja ein paar Gemeinsamkeiten.

Es ist egal, wen du ______________________. Wichtig ist, dass die Liebe von ________________ kommt. Jeder Mensch hat gute und schlechte ______________. Darum hat jeder gleich viel zu __________________.Man darf keine Sachen tun, die der Andere auch wirklich nicht ________________.Wenn man __________________ ist fühlt jeder Mensch gleich, egal ob Mann oder Frau. Man sollte offen über __________________ sprechen, ohne jemanden zu verletzen. Wenn man sich kennenlernt entdeckt man bestimmt ein paar ___________________________.

verliebt - liebst - Gemeinsamkeiten - sagen - möchte - Herzen - Gefühle - Seiten

Zeit der Veränderung / Sexualerziehung ab Klasse 6 – Best.-Nr. 12 609

KOHL VERLAG

Name: ______________________________

Klasse: ______________________________

# hübsche Mädchen - coole Jungs

Aufgabe: Schaue dir die Bilder an und umkreise.

Der Junge wirkt cool normal hübsch langweilig

Das Mädchen wirkt cool normal hübsch langweilig

Der Junge wirkt cool normal hübsch langweilig

Das Mädchen wirkt cool normal hübsch langweilig

Name: ______________________________

Klasse: ______________________________

# hübsche Mädchen - coole Jungs

Aufgabe: Lies den Text und verbinde.

Warum machen wir uns hübsch? Ist doch klar, weil wir anderen gefallen wollen. Aber wir wollen auch uns selber gefallen. Jungs versuchen stark und mutig zu wirken. Sie wollen zeigen, wie sportlich sie sind. Mädchen möchten nett und hübsch wirken. Sie wollen zeigen, dass man sie mag und sich für sie interessiert. Manchmal flirten Leute. Das ist wie ein Spiel. Man macht etwas und schaut, wie die andere Person reagiert - ob sie einen mag. Dabei darf man aber keinen anderen anfassen. Das muss durch Köpersprache funktionieren.

Der Junge wirkt...

Das Mädchen wirkt...

langweilig

sportlich

hübsch

normal

cool



KOHL VERLAG Zeit der Veränderung / Sexualerziehung ab Klasse 6 – Best.-Nr. 12 609

Name: ______________________________

Klasse: ______________________________

# hübsche Mädchen – coole Jungs

Aufgabe: Lies und trage ein.

Warum machen wir uns hübsch? Ist doch klar, weil wir anderen gefallen wollen. Aber wir wollen auch uns selber gefallen. Jungs versuchen stark und mutig zu wirken. Sie wollen zeigen, wie sportlich sie sind. Mädchen möchten nett und hübsch wirken. Sie wollen zeigen, das man sie mag und sich für sie interessiert. Manchmal flirten Leute. Das ist wie ein Spiel. Man macht etwas und schaut, wie die andere Person reagiert – ob sie einen mag. Dabei darf man aber keinen anderen anfassen. Das muss durch Köpersprache funktionieren.

| Der Junge wirkt... | Das Mädchen wirkt... |
| --- | --- |
| | |

cool – langweilig – sportlich – normal – sexy – hübsch

Name: ______________________________

Klasse: ______________________________

# Der weibliche Zyklus

Aufgabe: Lesen Sie vor und zeigen Sie auf die jeweilige Stelle in der Abbildung. Lesen Sie den Text nochmals. Nun soll die/der Schüler*in auf die Stellen in der Abbildung zeigen.

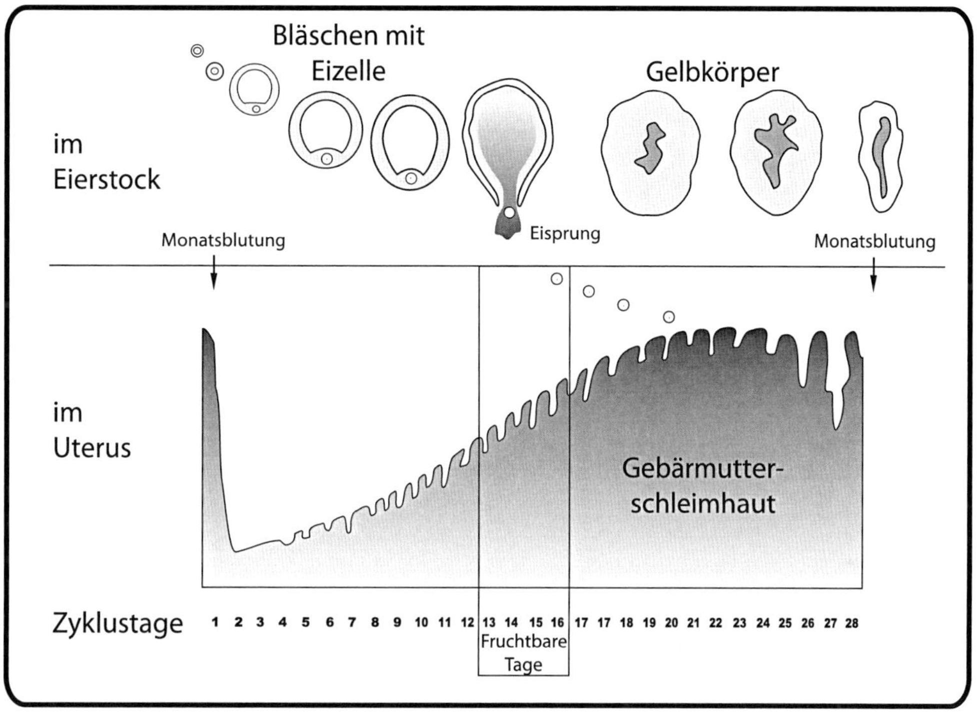


**VORLESETEXT**

Manchmal bildet der Körper Stoffe, die er vorher nicht gebildet hat. Das Gehirn sorgt dafür. Dann bildet sich plötzlich bei Mädchen eine Eizelle (*auf Eizellen im Bläschen zeigen*). Die Eizelle ist dazu da, dass sie befruchtet wird (*auf den Eisprung zeigen*), wie bei einer Blume. Dazu verlässt die Eizelle das Bläschen. Wenn dies passiert und die Eizelle befruchtet wird, dann wächst ein Baby im Bauch heran. Bei einer Blume wird eine neue Blume wachsen. Wenn aber die Eizelle nicht befruchtet wird, dann stirbt sie ab. Nun kann sie aber nicht so einfach dort bleiben. Davon könnte das Mädchen krank werden. So muss dies herausgespült werden. Das passiert mit Wasser, aber oftmals ist etwas Blut dabei. Das ist aber nicht schlimm. Es tut auch nicht weh. Nur leider kann man nicht spüren, wann die Blutung erfolgt (*zeigen Sie auf den Prozess der Monatsblutung*).

Name: ____________________

Klasse: ____________________

# Der weibliche Zyklus

Aufgabe: Schneide aus, ordne zu und klebe auf.

- im Eierstock
- Eisprung
- Monatsblutung
- Gelbkörper
- in der Gebärmutter
- Monatsblutung
- Eizelle im Bläschen
- Gebärmutterschleimhaut

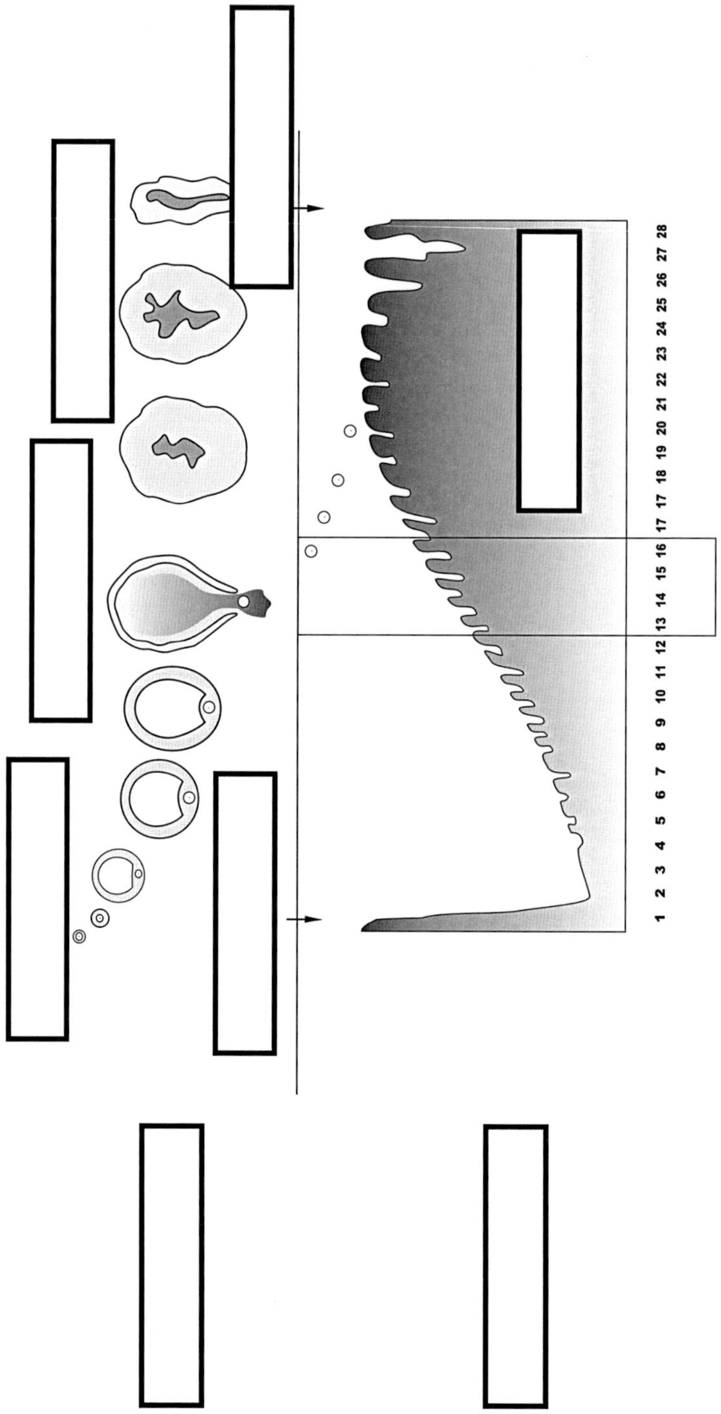

Name: ______________________________

Klasse: ______________________________

# Der weibliche Zyklus

Aufgabe: Trage ein.

im Eierstock – in der Gebärmutter – Monatsblutung – Gebärmutterschleimhaut – Eizelle im Bläschen – Gelbkörper – Monatsblutung – Eisprung

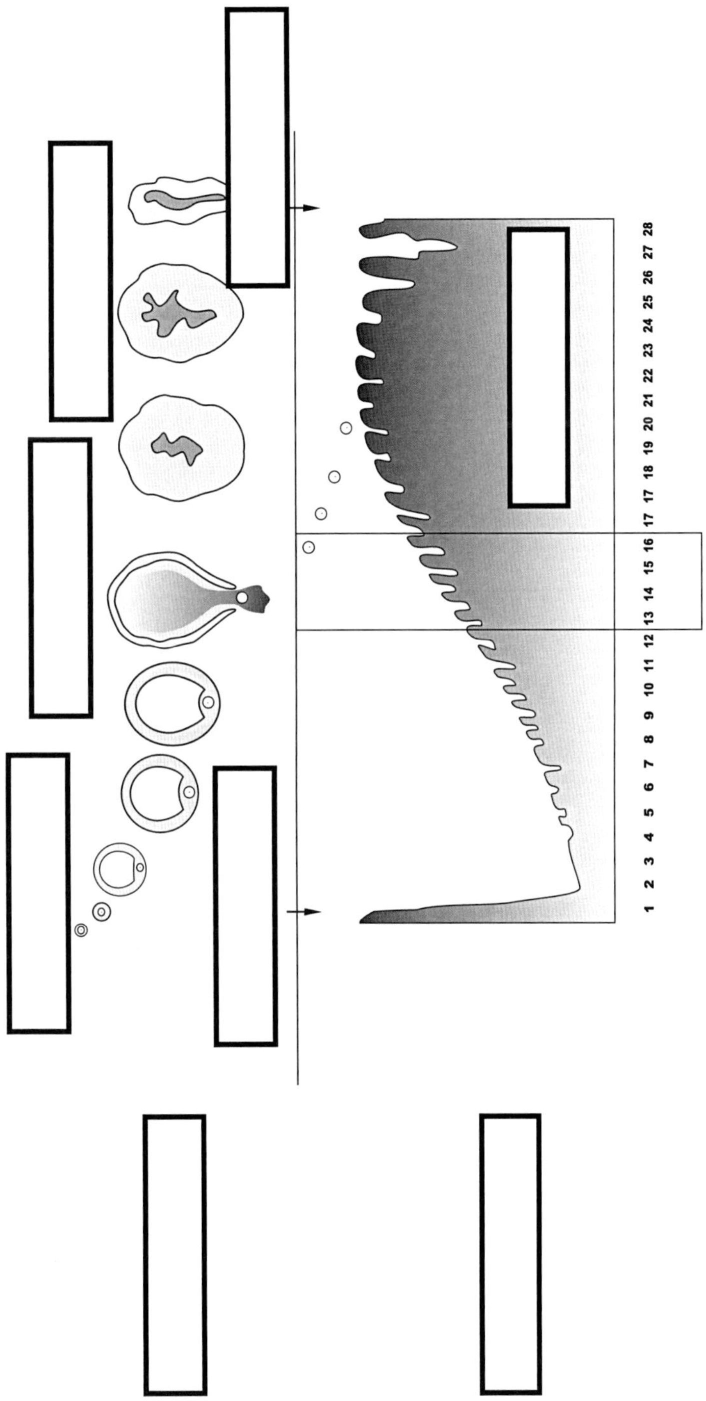

Name: ______________________________

Klasse: ______________________________

# Verhütung

Aufgabe: Umkreise alle Verhütungsmittel für Frauen in rot und für Männer in blau.

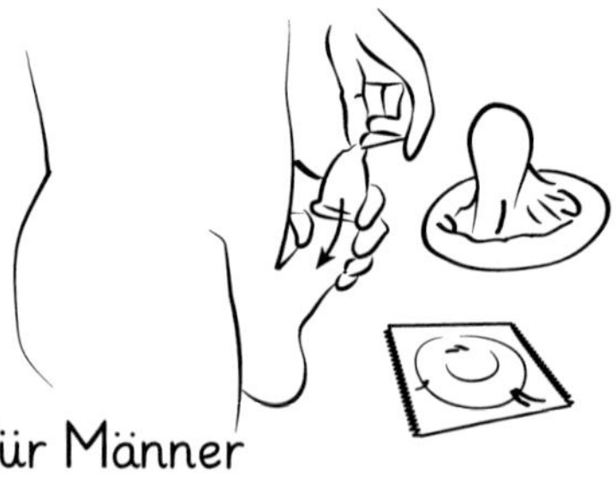

Kondom für Männer

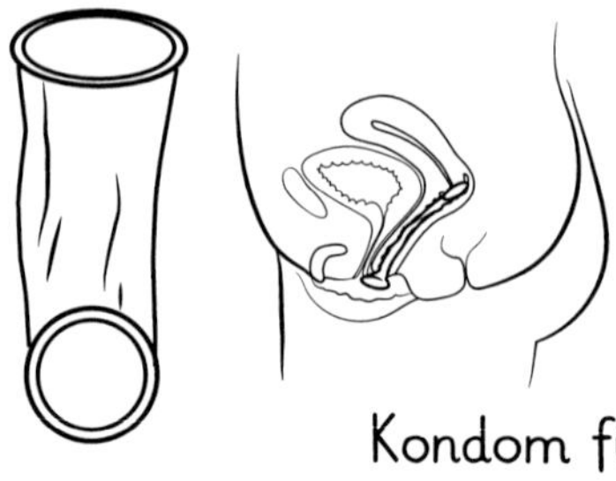

Kondom für Frauen

Die Pille oder Hormonspritze

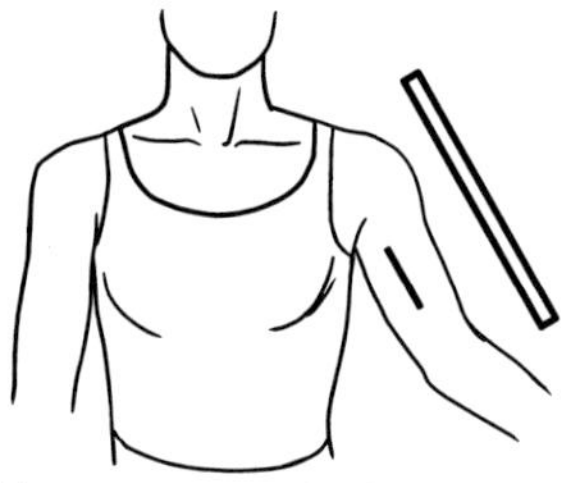

Hormonstäbchen

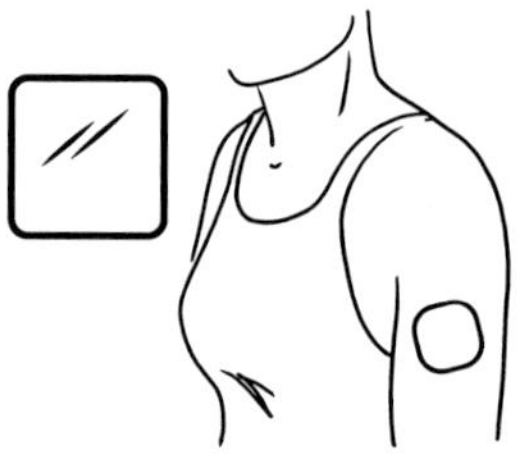

Hormonpflaster

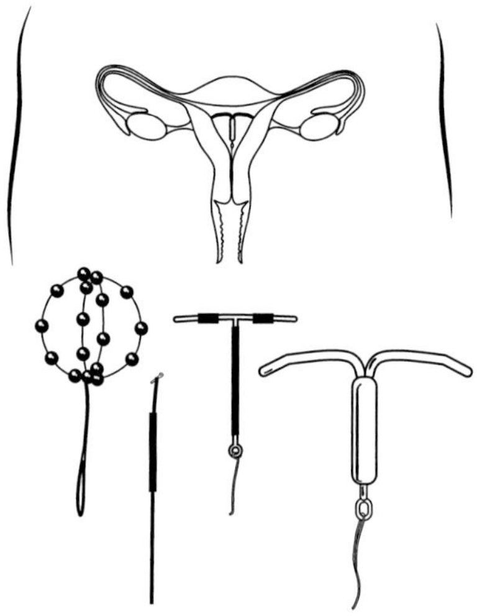

Kupferkugeln, Kupferspirale, Hormonspirale

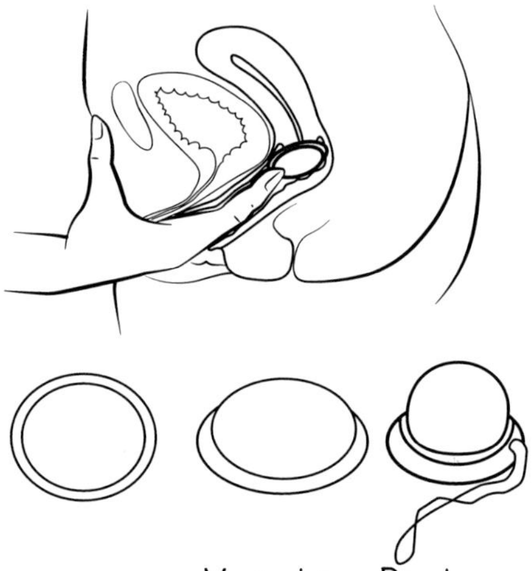

Vaginalring, Diaphragma, FemCap

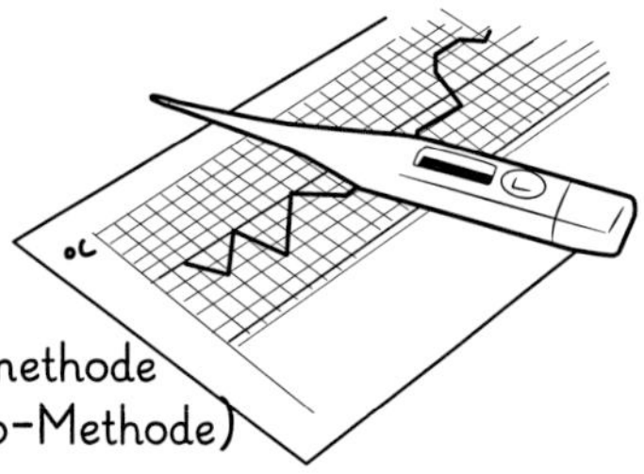

Kalendermethode (Kanus-Ogino-Methode)

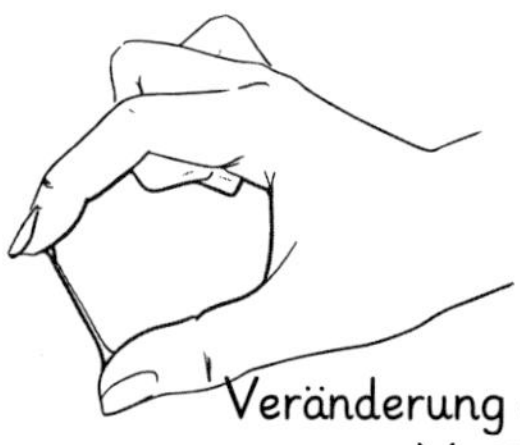

Veränderung des Schleims am Muttermund (Billings-Methode)

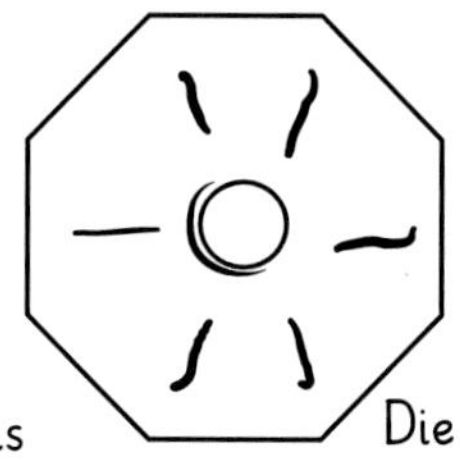

Die Pille danach

Name: ______________________________

Klasse: ______________________________

# Verhütung

Aufgabe: Schneide aus und ordne zu.

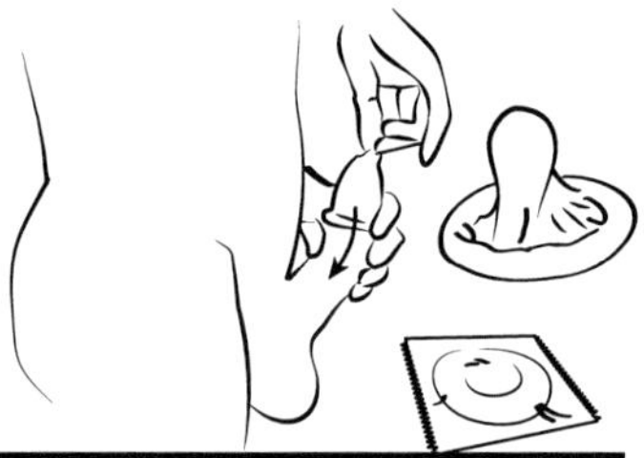

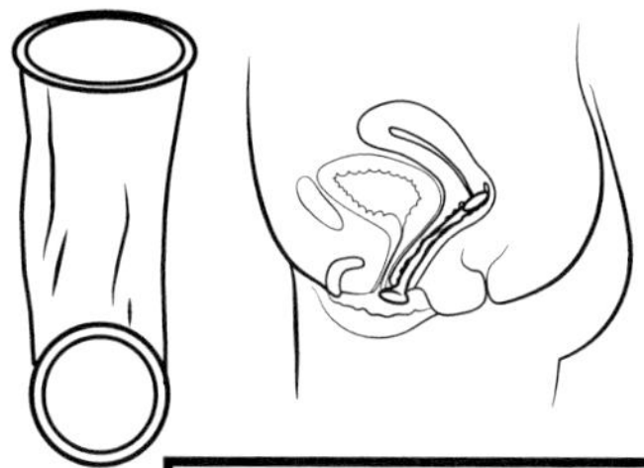

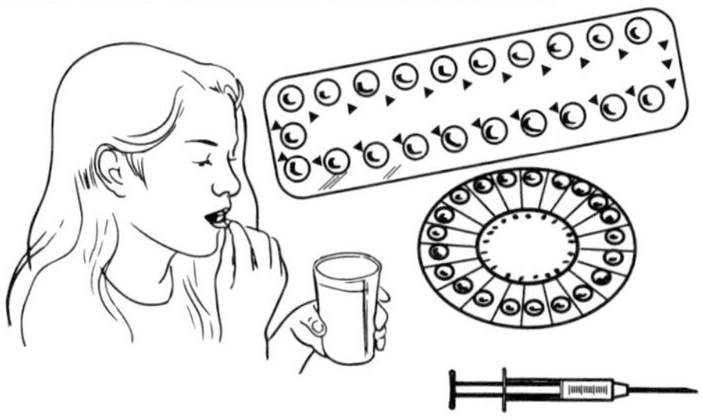

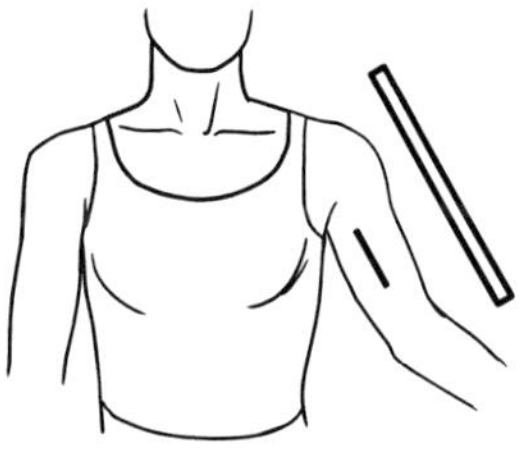

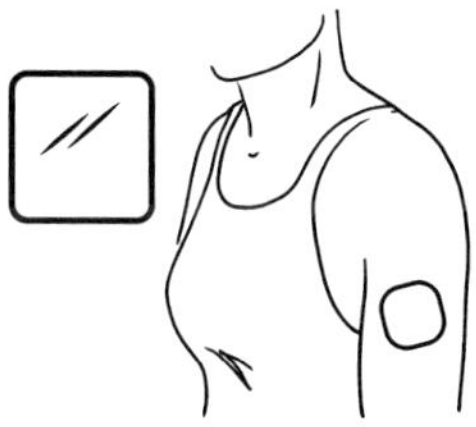

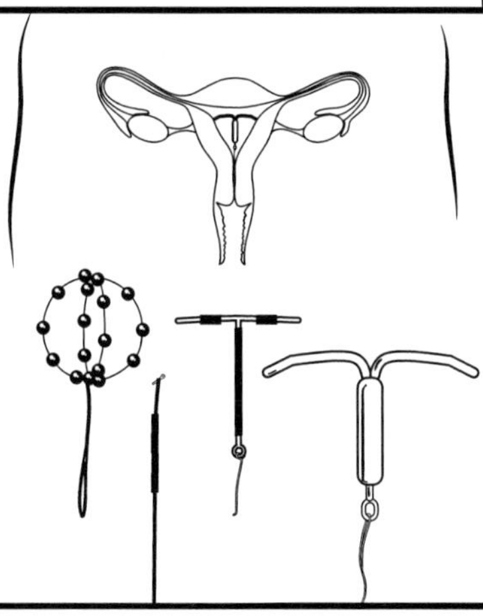

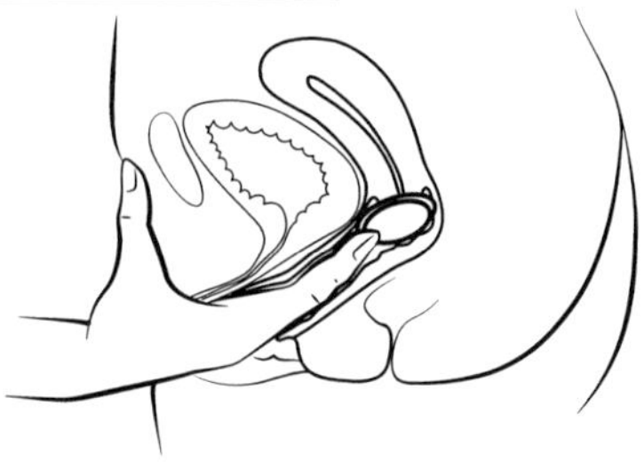

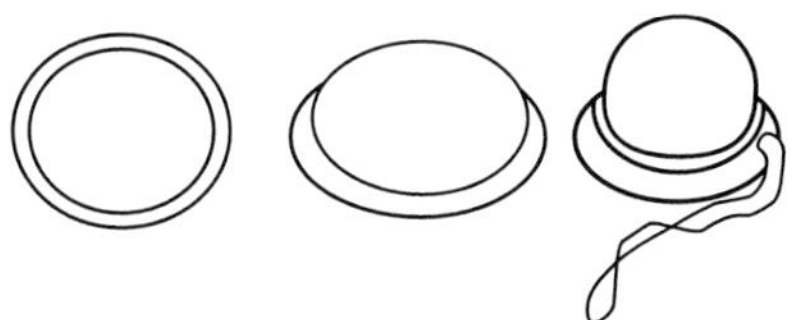

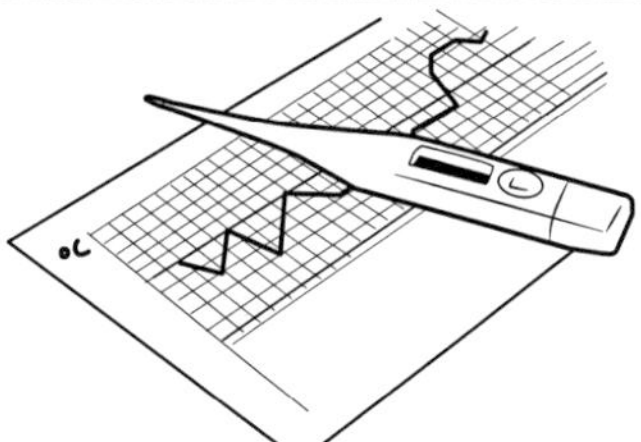

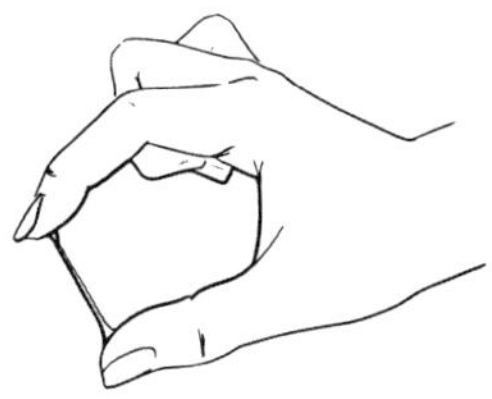

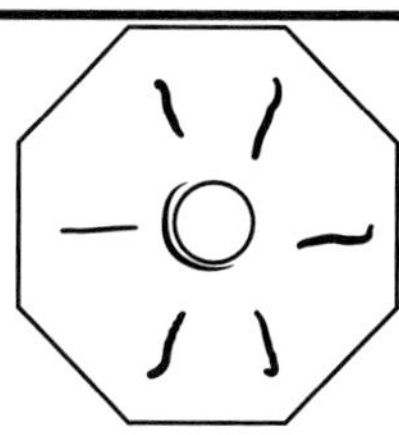

Kondom für Frauen

Vaginalring, Diaphragma, FemCap

Die Pille oder Hormonspritze

Die Pille danach

Kupferkugeln, Kupferspirale, Hormonspirale

Veränderung des Schleims am Muttermund (Billings-Methode)

Kalendermethode (Kanus-Ogino-Methode)

Hormonpflaster

Kondom für Männer

Hormonstäbchen

KOHL VERLAG Zeit der Veränderung / Sexualerziehung ab Klasse 6 – Best.-Nr. 12 609

Name: ____________________

Klasse: ____________________

# Verhütung

Aufgabe: Trage ein.

Kupferkugeln, Kupferspirale, Hormonspirale - Hormonpflaster - Kondom für Männer -
Vaginalring, Diaphragma, FemCap - Hormonstäbchen - Die Pille oder Hormonspritze - Kondom für Frauen -
Die Pille danach - Kalendermethode - Billings-Methode

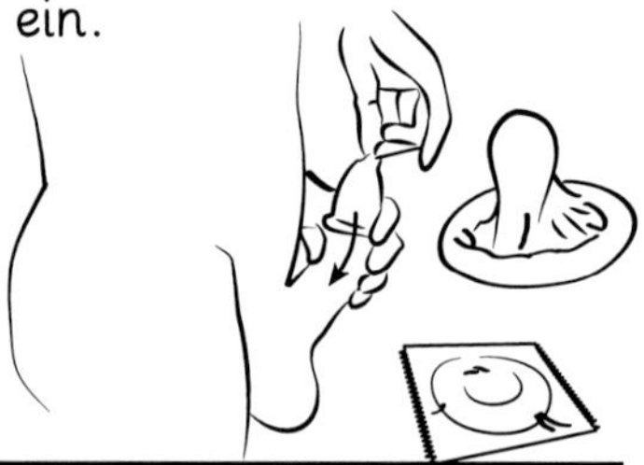

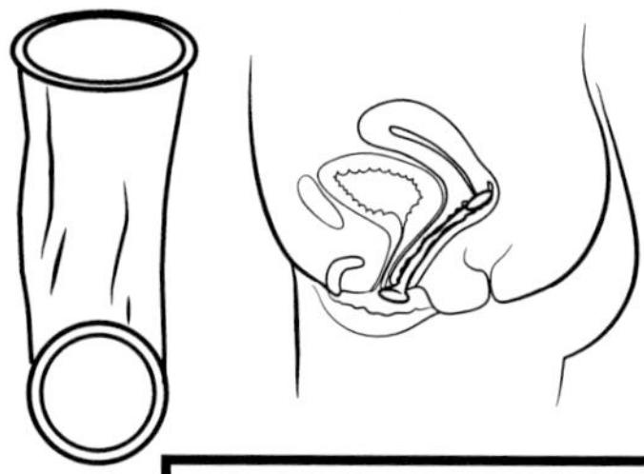

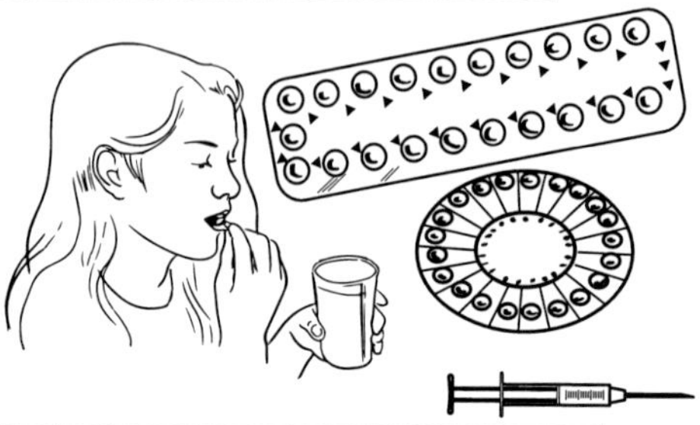

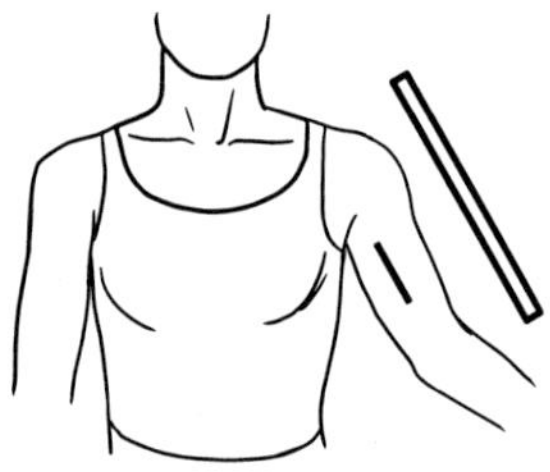

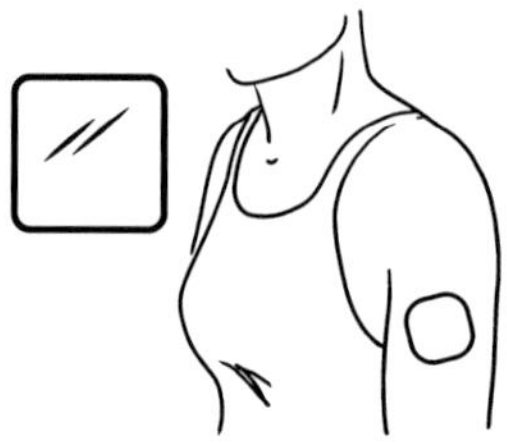

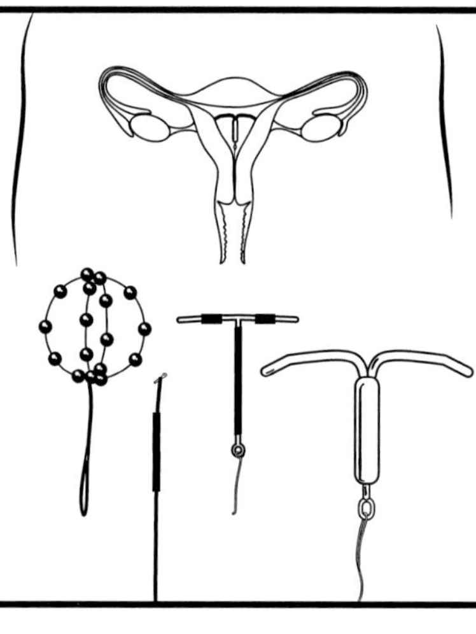

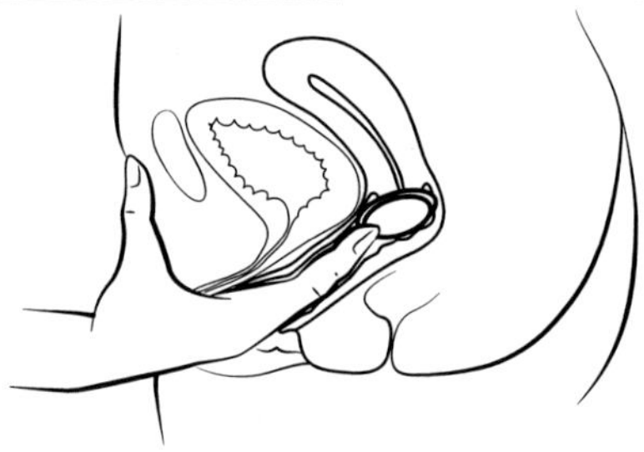

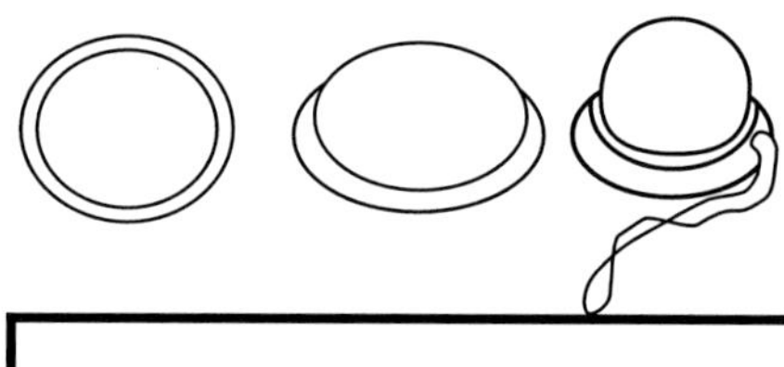

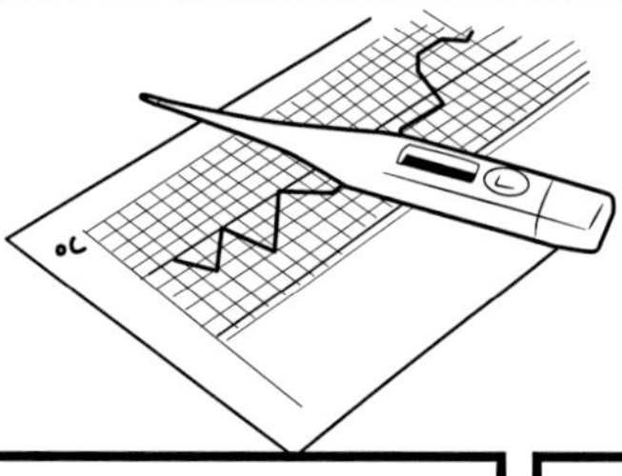

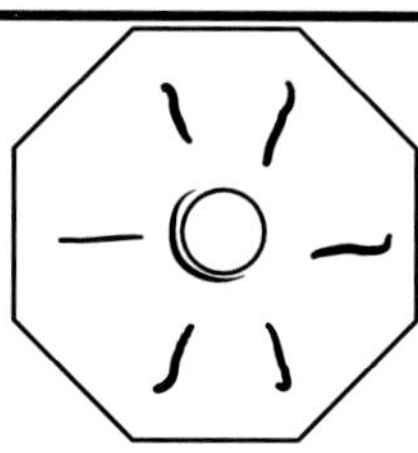

Name: ____________________

Klasse: ____________________

# Ein Kind entsteht

Aufgabe: Male aus.

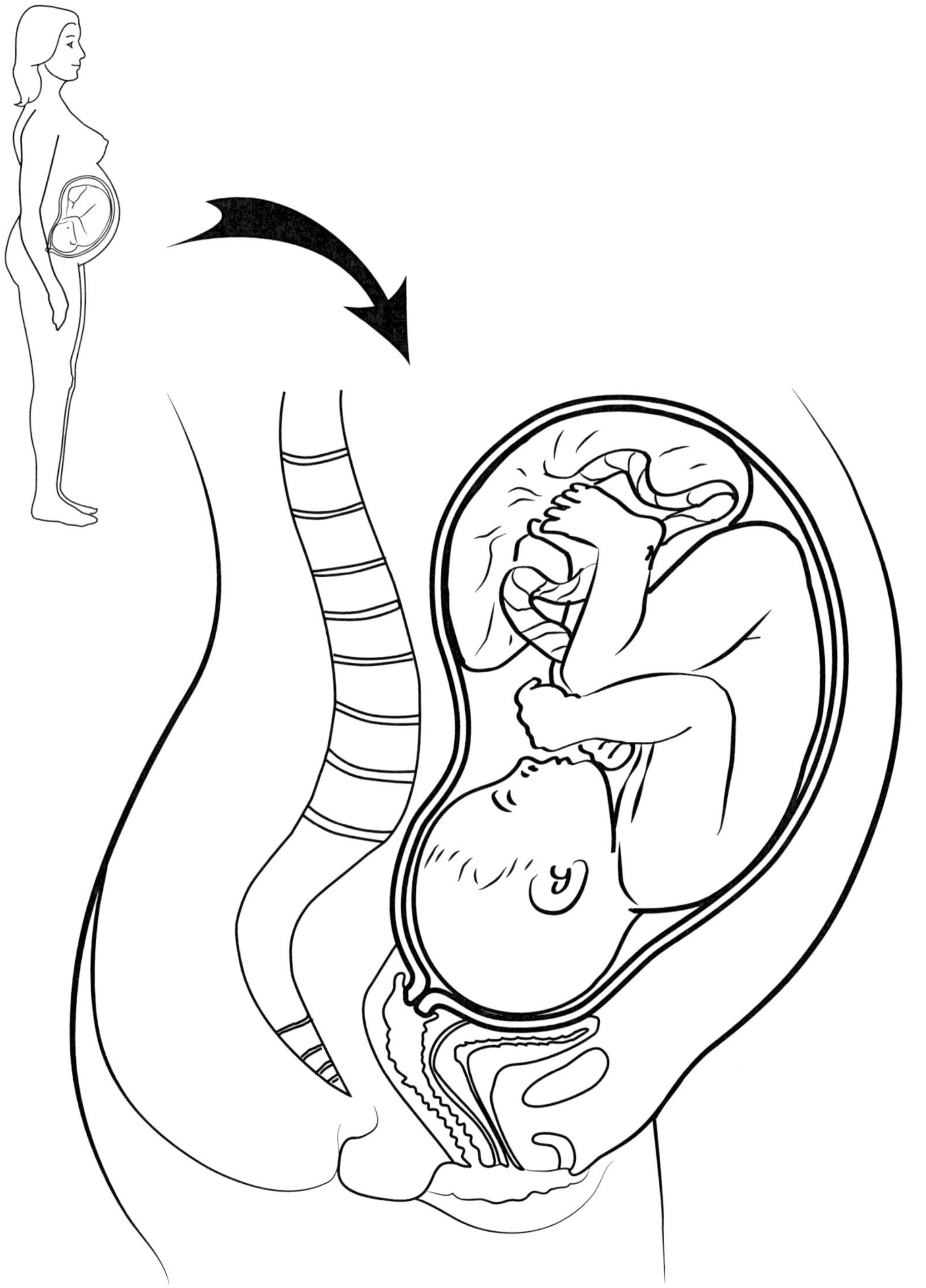

KOHL VERLAG Zeit der Veränderung / Sexualerziehung ab Klasse 6 – Best.-Nr. 12 609

Name:______________________________

Klasse:______________________________

# Ein Kind entsteht

Aufgabe: Verbinde.

Gebärmutterhals

Mutterkuchen

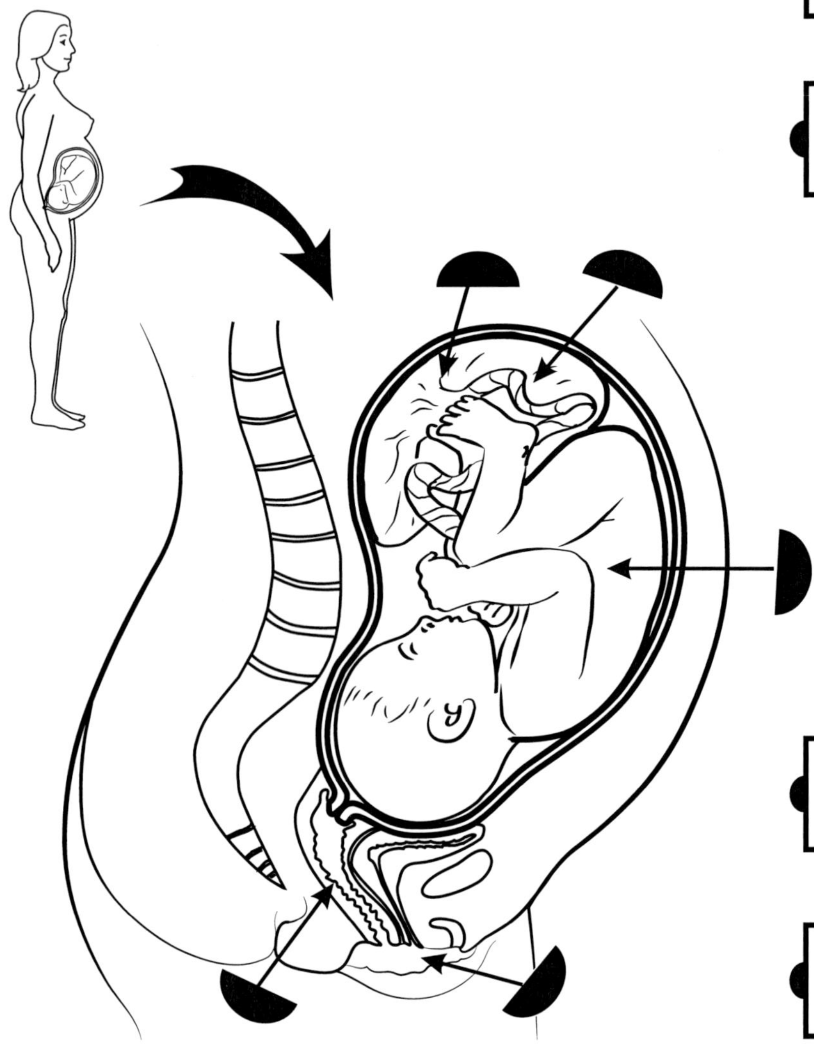

Nabelschnur

Kind

Scheide

Name:______________________________

Klasse:______________________________

# Ein Kind entsteht

Aufgabe: Trage ein.

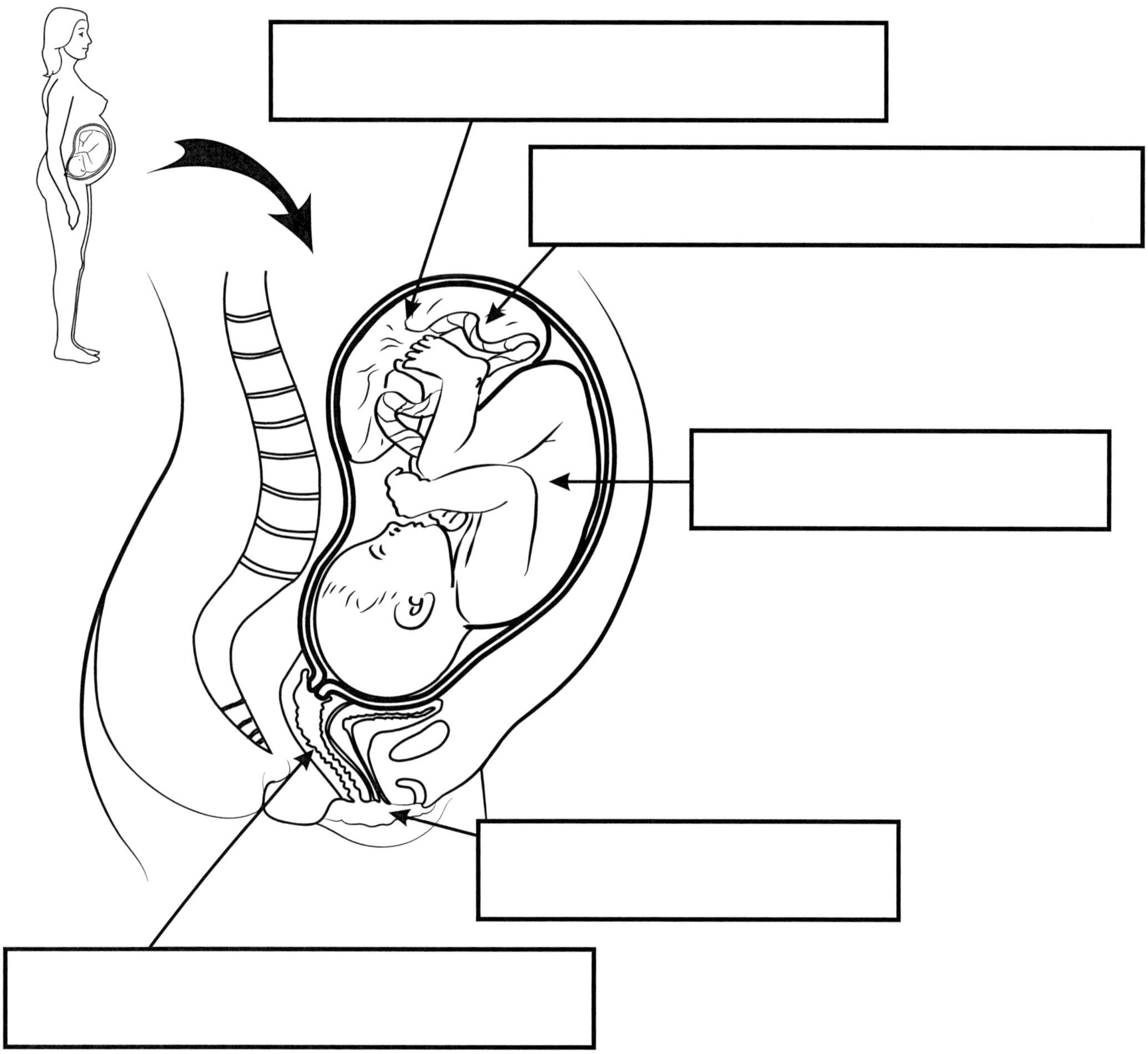

Kind – Nabelschnur – Scheide – Gebärmutterhals – Mutterkuchen

Name: ______________________________

Klasse: ______________________________

# Das Kind im Mutterleib

Aufgabe: Umkreise alles, was die Mutter tun sollte grün und alles, was sie während der Schwangerschaft lassen sollte rot.

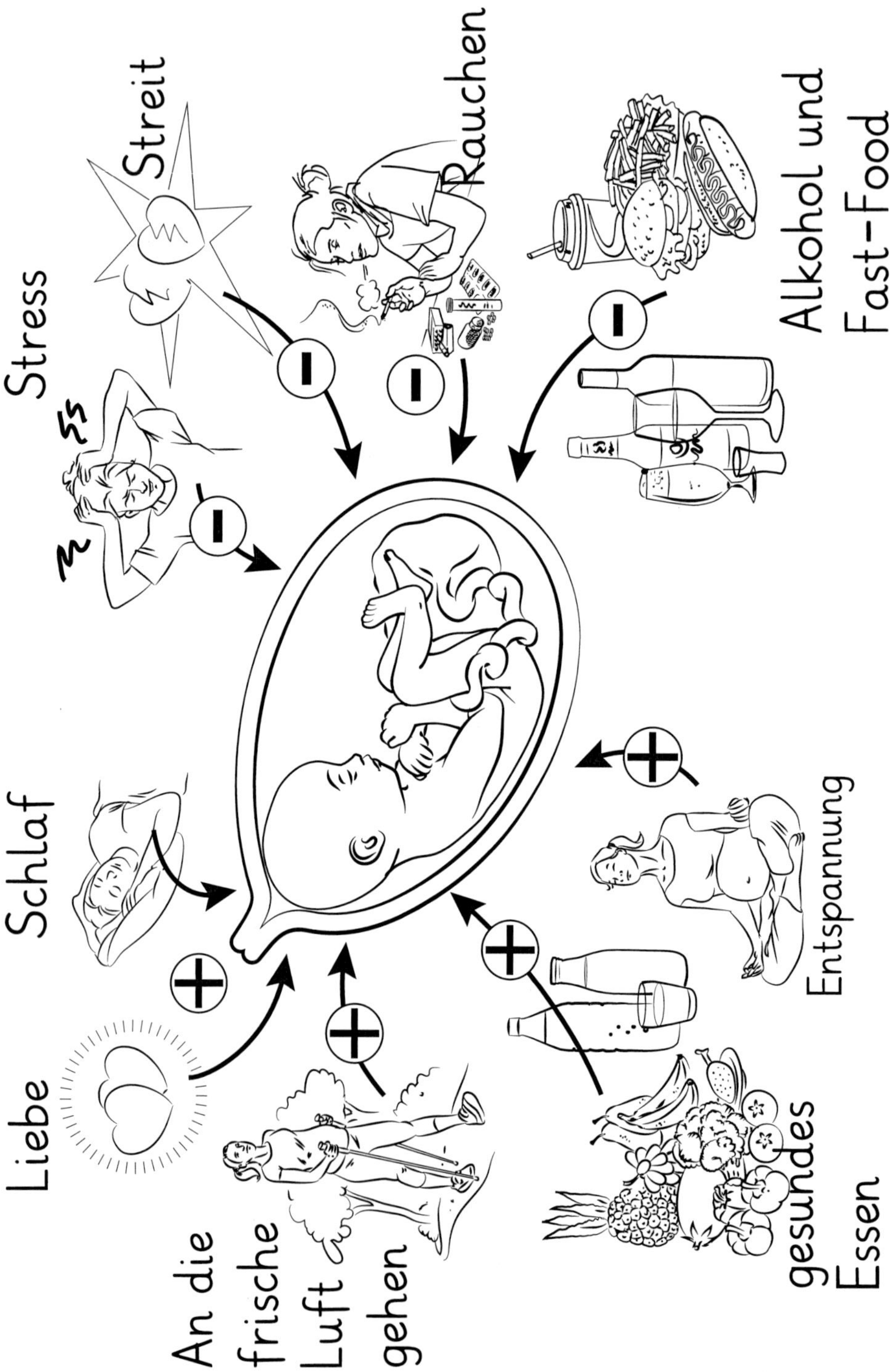

Name: ______________________________

Klasse: ______________________________

2

# Das Kind im Mutterleib

Aufgabe: Schneide aus, ordne zu und klebe auf.

Alkohol und Fast-Food

Rauchen

Entspannung

Stress

An die frische Luft gehen

Schlaf

gesundes Essen

Streit

Liebe

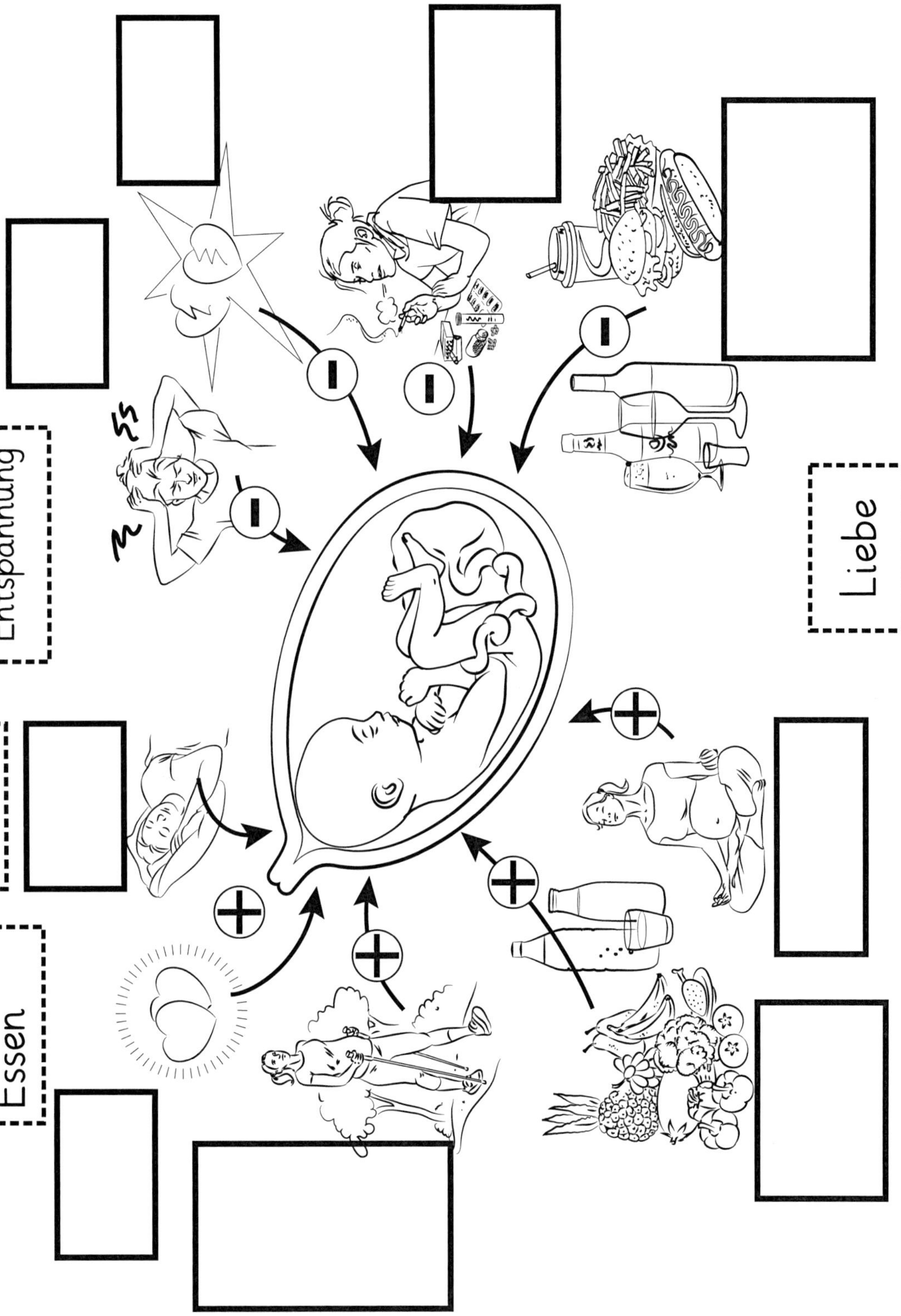

KOHL VERLAG Zeit der Veränderung / Sexualerziehung ab Klasse 6 – Best.-Nr. 12 609

Name: ______________________________

Klasse: ______________________________

3

# Das Kind im Mutterleib

Aufgabe: Trage ein.

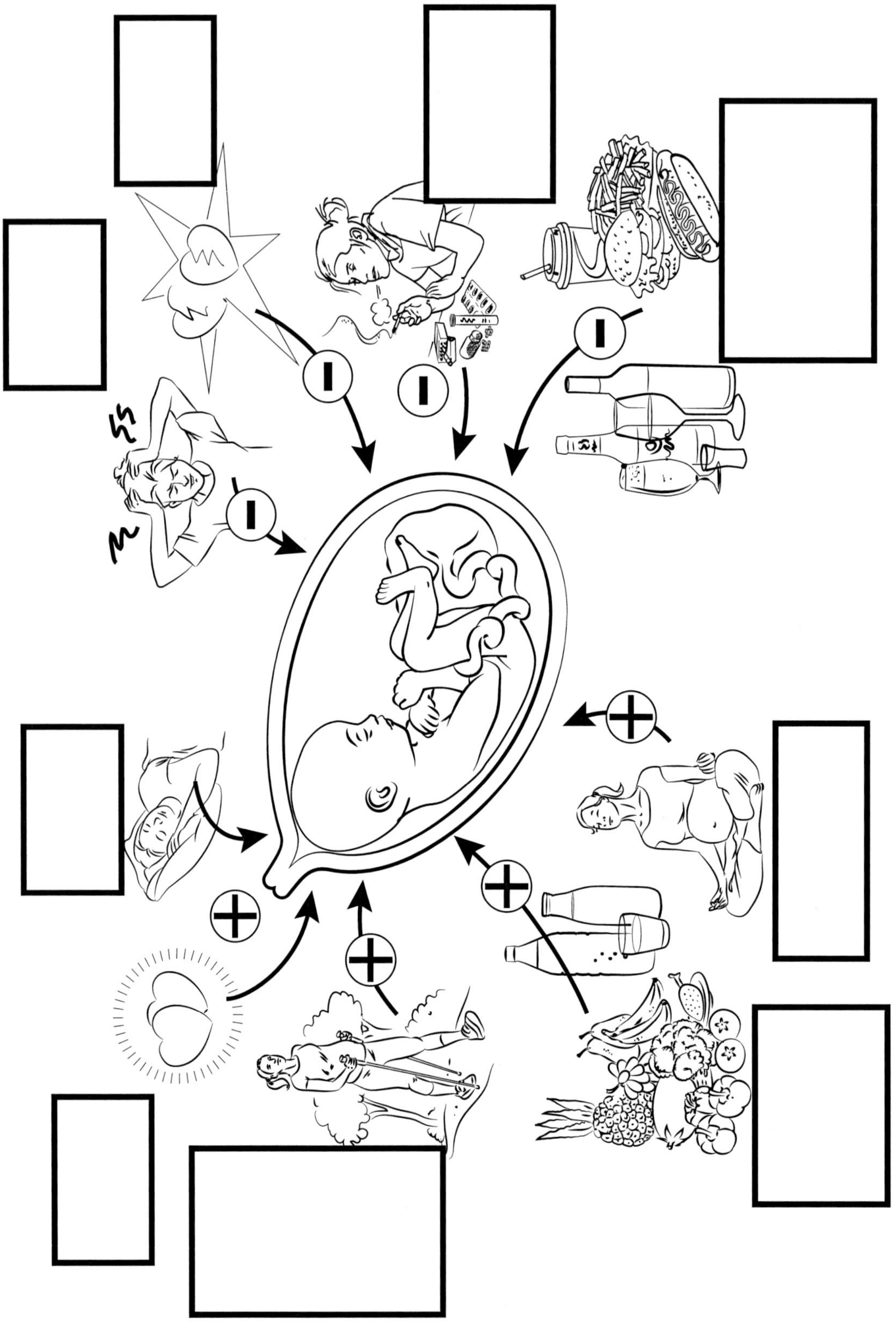

Stress – Schlaf – Rauchen – Liebe – Streit – Entspannung – an die frische Luft gehen
gesundes Essen – Alkohol und Fast-Food

Name: ____________________

Klasse: ____________________

# Die Geburt

Aufgabe: Nummeriere.

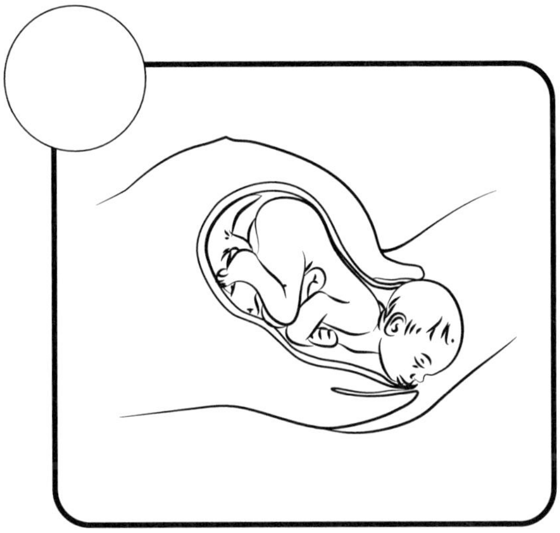

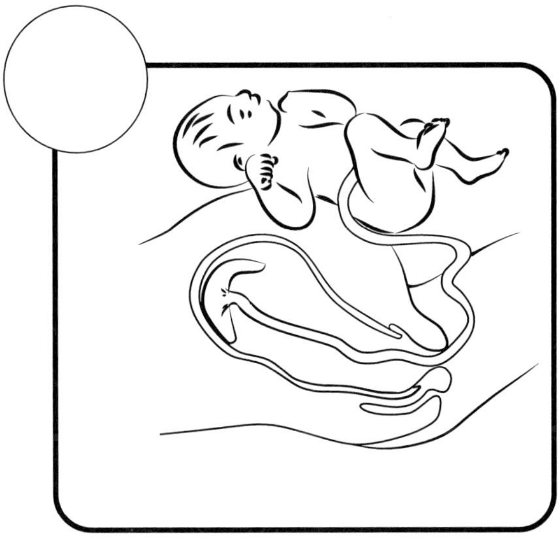

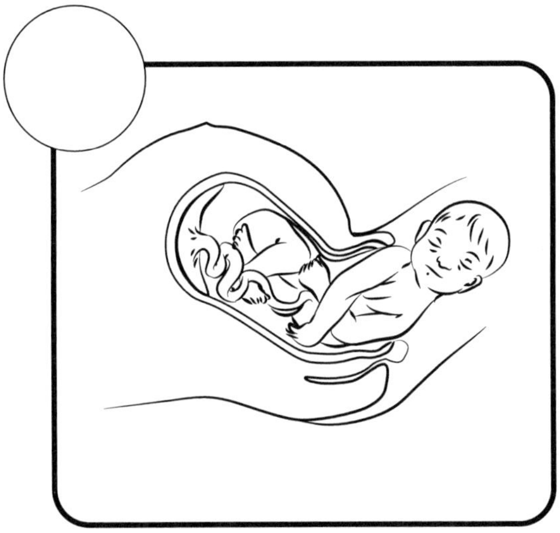

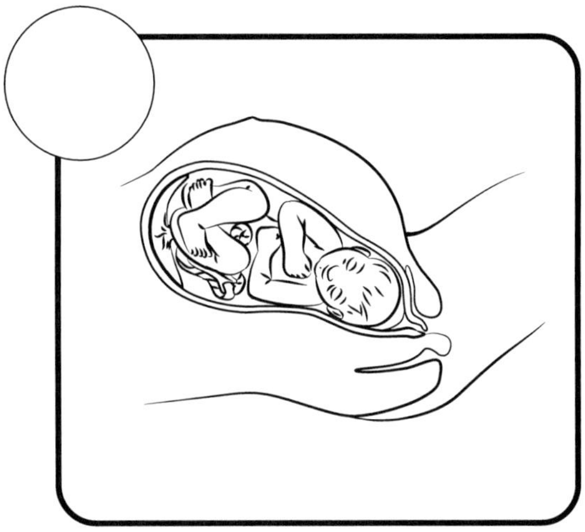

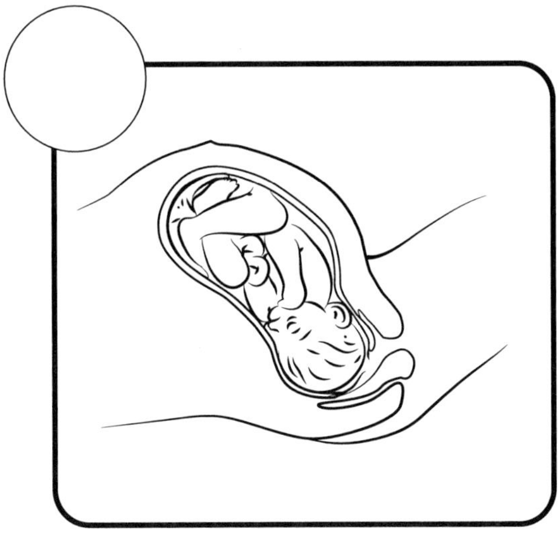

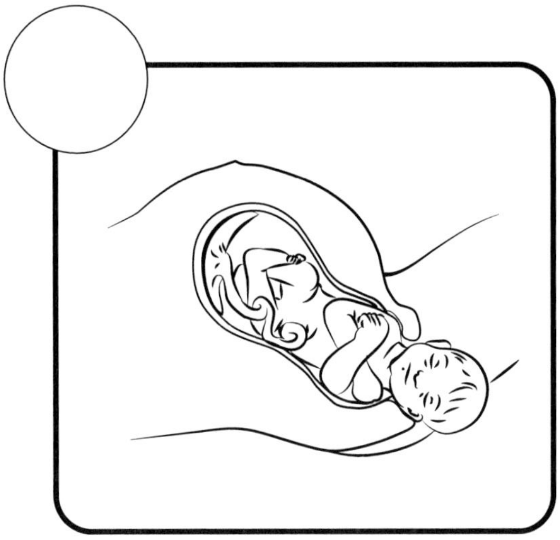



KOHL VERLAG Zeit der Veränderung / Sexualerziehung ab Klasse 6 – Best.-Nr. 12 609

Name: ____________________________________

Klasse: ____________________________________

# Die Geburt

Aufgabe: Verbinde.

Das Kind liegt noch ruhig im Mutterleib. Nun beginnen die Wehen. Die Muskeln der Gebärmutter ziehen sich zusammen.

Die Wehen werden nun stärker und der Gebärmutterhals wird kürzer. Das Köpfchen drückt sich in Richtung „Ausgang".

Der Muttermund öffnet sich und das Köpfchen schiebt sich in den Geburtskanal.

Die Wehen werden nun noch stärker und das Köpfchen wird nun im Ansatz aus dem Geburtskanal geschoben.

Das Kind dreht sich nun, damit die Schultern auch herauskommen können.

Nun drückt sich das ganze Kind aus dem Geburtskanal. Es ist nur noch über die Nabelschnur mit der Mutter verbunden.

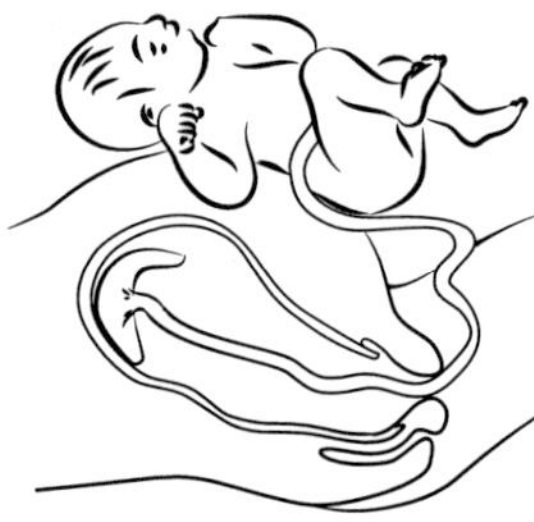

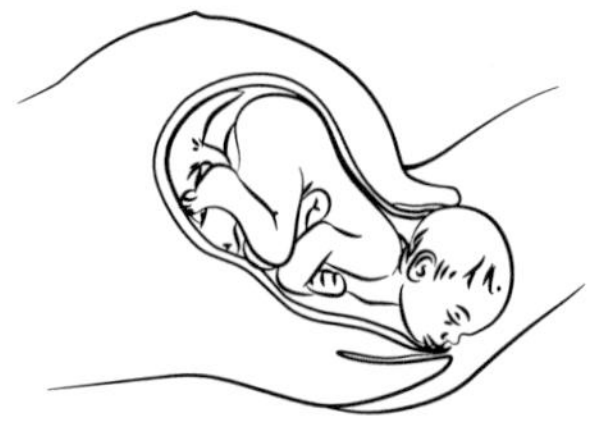

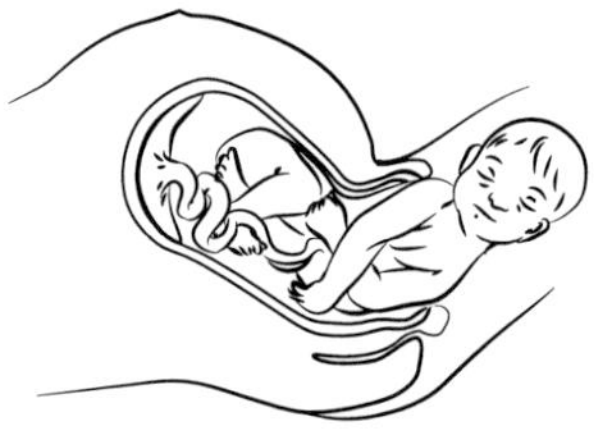

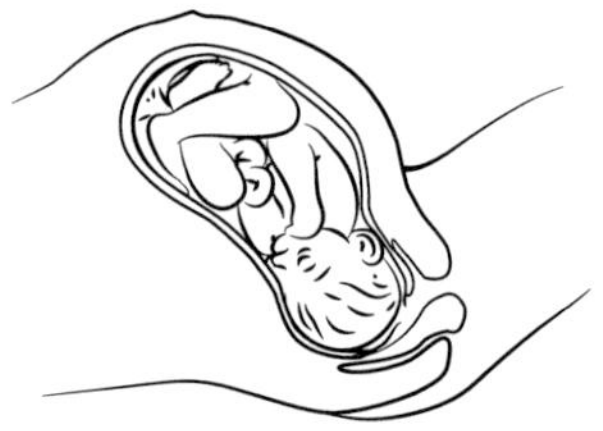

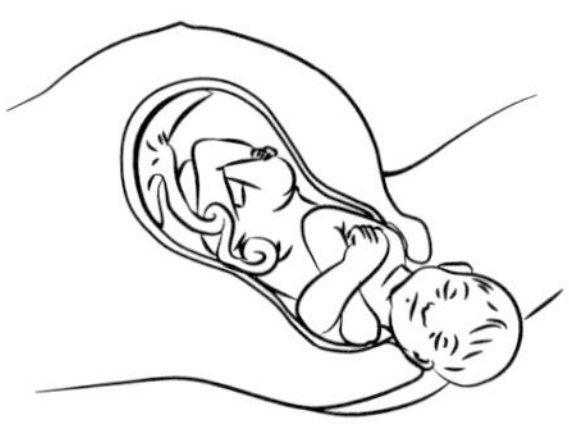

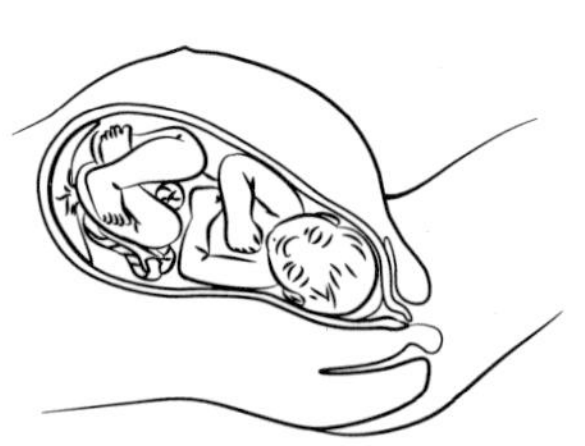

Name: ______________________________

Klasse: ______________________________

# Die Geburt

Aufgabe: Lies den Text gut durch und schaue dir die Bilder an. Unter jedem Bild steht ein Textanfang. Schreibe ihn in dein Heft ab und schreibe den Text weiter. Die Stichwörter helfen dir.

Die Geburt ist meist an den Wehen zu merken. Das bedeutet, dass sich die Muskeln der Gebärmutter zusammenziehen. Die Blutung ist dann genauso stark wie die Monatsblutung. Dies bedeutet, dass der Muttermund geöffnet ist. Die Wehen werden dann stärker. Dadurch wird der Gebärmutterhals kürzer. Der Muttermund weitet sich immer mehr. Bis der Muttermund so weit offen ist, dass sich das Köpfchen des Kindes in den Geburtskanal schiebt, kann mehrere Stunden dauern.

Nun werden die Wehen noch stärker und das Kind wird in den offenen Geburtskanal gedrückt. Jetzt muss die Mutter so kräftig drücken, bis der Kopf draußen erscheint. Jetzt muss die Mutter nur noch einmal kräftig pressen und der restliche Körper kommt in einem Schwung heraus. Die Nabelschnur verbindet noch die Mutter und das Kind. Der Arzt trennt die Nabelschnur ab und holt den Mutterkuchen heraus. Er überzeugt sich, dass auch nichts zurückbleibt, da das zu Entzündungen führen kann.

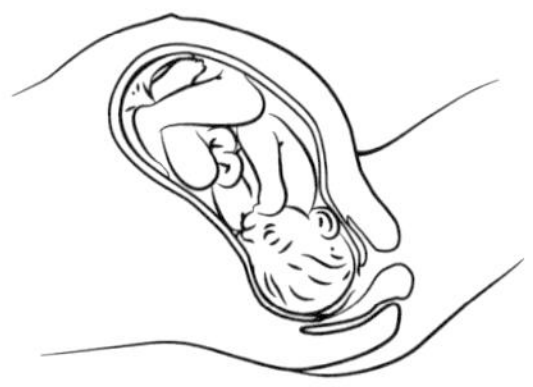

Die Wehen…

Muskeln – Gebärmutter

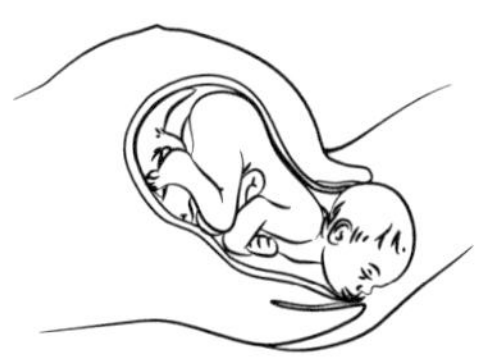

Die Wehen werden stärker…

Gebärmutterhals wird kürzer

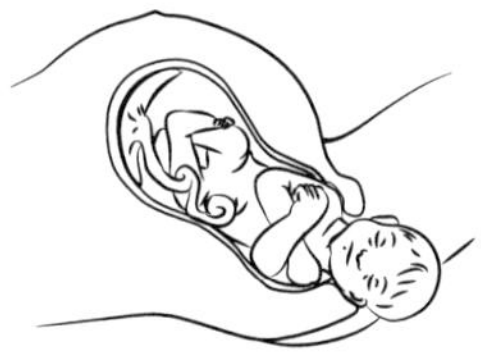

Das Köpfchen,,,

Muttermund öfnnet sich

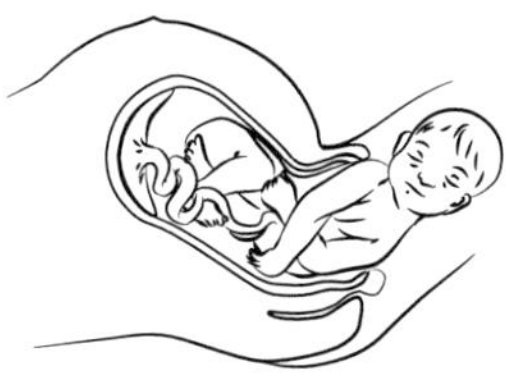

Nur noch einmal…

kräftig pressen – der restliche Körper

Das Kind ist geboren…

Nabelschnur – Arzt – abtrennen

Zeit der Veränderung / Sexualerziehung ab Klasse 6 – Best.-Nr. 12 609

Name: ______________________________

Klasse: ______________________________

# Die Natur bewertet keinen Menschen

Aufgabe: Male das Bild aus.

Name: ______________________________

Klasse: ______________________________

# Die Natur bewertet keinen Menschen

Aufgabe: Schneide aus und bringe den Satz in die richtige Reihenfolge. Male aus.

| | | |
|---|---|---|
| | | |

zu

ist

normal

sein.

anders

Es

| | | |
|---|---|---|
| | | |

KOHL VERLAG Zeit der Veränderung / Sexualerziehung ab Klasse 6 – Best.-Nr. 12 609

Name: ____________________

Klasse: ____________________

# Die Natur bewertet keinen Menschen

Aufgabe: Bringe den Satz in die richtige Reihenfolge und male aus.

ist – sein. – Es – zu – normal – anders

utorenteam Kohl-Verlag

**NEU** ab April

## Aobilität & Verkehr
### 'erkehr früher, heute & zukünftig

*iese Lernwerkstatt bietet eine Fülle an Informationen owie abwechslungsreichen und motivierenden Auf-aben rund um die Themen Mobilität, Geschichte der ahrzeuge, Öffentlicher Personennahverkehr, Fern-eiseverkehr, Auswirkungen des Verkehrs auf Mensch nd Umwelt sowie Fortbewegung in der Zukunft. Vir leben in einer Zeit, in der sich gerade in diesem ebensbereich gravierende Veränderungen und Fort-ntwicklungen auftun – ein spannendes Thema, das e Schüler elektrisiert und zum Weiterdenken anregt! enn die große Frage lautet: Wie wird sich unsere Art, on A nach B zu kommen, weiterentwickeln?*

8 S.

| | | | PDF-Schullizenz |
|---|---|---|---|
| Buch | 12 514 | 15,80 € | |
| PDF | P12 514 | 12,49 € | 50,- € |

3 4

nne Scheller

## 'erkehrserziehung
### om Fußgängerdiplom bis zum Fahrrad-Parcours

halt: *Verkehrsspielplatz; Verkehrszeichen; Zu Fuß unterwegs (Über die traße, Links oder rechts?, Schulweg, Achtung Gefahr!, Fußgängerdi-om); Auf Rädern (verkehrssicheres Rad, Anfahren, Abbiegen, Radfahr-arcours); u.v.m.*

5 Seiten

| | | | PDF-Schullizenz |
|---|---|---|---|
| Buch | 10 917 | 15,80 € | |
| PDF | P10 917 | 12,49 € | 50,- € |

2 3 4

'ary M. Forester

## 'erkehrszeichen Sicher im Straßenverkehr

*ie Kenntnis der wichtigsten Verkehrsschilder soll den Kindern eine Hilfe ein, ihr Wissen über den Straßenverkehr zu festigen. Über 40 Zeichen, e auch unsere Kinder schon betreffen, wie Radfahrwege, Ampel oder ebrasteifen werden hier vorgestellt. In einem sechsstrahligen Stern kön-en die Kinder 42 Verkehrszeichen kennenlernen und anlegen.*

5 Seiten
ARBIG

| | | | PDF-Schullizenz |
|---|---|---|---|
| Buch | 15 043 | 19,80 € | |
| PDF | P15 043 | 15,99 € | 64,- € |

1 2 3 4

utorenteam Kohl-Verlag

## erufe in der Grundschule
### rste Einblicke in die Berufs- & Arbeitswelt

*erschiedene Berufe werden durch verschiedene Informationsquellen orgestellt. Texte, Interviews, Rätsel uvm. vermitteln Wissen rund um die glichen Aufgaben und die Besonderheiten oder Voraussetzungen, die r einen Beruf wichtig sind.*

3 Seiten

| | | | PDF-Schullizenz |
|---|---|---|---|
| Buch | 11 465 | 15,80 € | |
| PDF | P11 465 | 12,49 € | 50,- € |

3 4

hristiane Vatter-Wittl

## Aiteinander leben in der Klasse, Schule & Familie

*as Lebensumfeld ist von Kind zu Kind unterschiedlich. Auf vielfältige Art ird zum gelingenden Umgang in diversen Strukturen beigetragen. Von er eigenen Wertschätzung ausgehend zum achtsamen und höflichen mgang mit unseren Mitmenschen wird Bewusstsein für eine positive Ge-einschaft geschaffen.*

3 Seiten

| | | | PDF-Schullizenz |
|---|---|---|---|
| Buch | 12 071 | 15,80 € | |
| PDF | P12 071 | 12,49 € | 50,- € |

2 3 4

nine Manns & Ulrike Stolz

## bläufe erkennen & nachahmen

*ette und ansprechende Illustrationen in vier Bildschritten zeigen der eihe nach bestimmte tägliche Routineabläufe aus dem kindlichen Alltag. e Zuordnung der richtigen Reihenfolge hilft den Kindern, die Abläufe verinnerlichen, zu lernen und so routinierter zu werden. Das Material vergrößerbar, enthält weitere Ideen zur Umsetzung und ist in ganzen ruppen sowie zur Einzelförderung einsetzbar.*

Seiten

| | | | PDF-Schullizenz |
|---|---|---|---|
| Buch | 11 462 | 15,80 € | |
| PDF | P11 462 | 12,49 € | 50,- € |

INK

1 2 3

a Egli

## Ait allen Sinnen Erklärungen, Übungen & Experimente

*n Überblick über alle Sinne und Übungen hierzu. Die Kinder setzen die stvollen Übungen wie „Memory", „Blindschleiche" oder „Schrecksack" in nem Sinnes-Projekt ein oder verwenden sie einfach zur spielerischen flockerung mit allen Sinnen.*

Seiten

| Buch | 11 153 | 14,80 € |
|---|---|---|

1 2 3

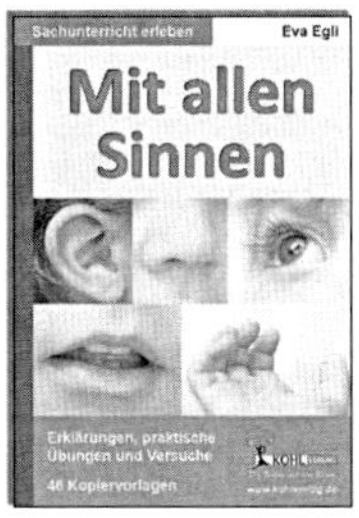


Mila Müller

## Feuerwehr, Polizei & Co
### Unsere Helfer in der Not unter der Lupe

*Fahrzeuge, die mit Blaulicht und Signalhorn durch die Straßen fahren, üben eine Faszination auf Kinder aus. Wer sitzt da in den Fahrzeugen? Was ist die Aufgabe dieser Helfer? Wo liegen die Unterschiede im Aufgabenbereich? Diese und weitere Fragen werden kindgerecht nähergebracht und mit Spielen und Malbildern sinnvoll abgerundet.*

2 3 4

48 Seiten

| | | | PDF-Schullizenz |
|---|---|---|---|
| Buch | 12 322 | 15,80 € | |
| PDF | P12 322 | 12,49 € | 50,- € |

Gabriela Rosenwald

## Die Müllzwerge
### Der tägliche Müll – wohin damit?

*Was versteht man denn eigentlich unter Recycling? Diese Lernwerkstatt erklärt die Zusammenhänge verständlich und sorgt für mehr Umweltbewusstsein.*

**Inhalt:** *Müll-Lexikon; Umgang mit Müll früher/heute (Geschichte des Mülls, Recycling); Die Müllzwerge (Müllzwerge aus Abfall); Restmüll (Restmülltonne, Müllverbrennungsanlage); Altpapiermüll (Aus alt wird neu, Schlappen aus alten Zeitungen ...); Gelber Sack und gelbe Tonne („Duales System", Tetra Pak, Konservendosen, Getränkedosen); Die Biotonne (Biomüll ...) u.v.m.*

2 3 4

56 Seiten

| | | | PDF-Schullizenz |
|---|---|---|---|
| Buch | 11 020 | 16,80 € | |
| PDF | P11 020 | 13,49 € | 54,- € |

Hrsg.: Redaktionsteam Kohl-Verlag

## Kinderrechte immer & überall!

*Kinder haben das Recht, ihre Rechte kennen zu lernen! Die Kinder setzen sich mit ihrem eigenen Sein, ihren Voraussetzungen und ihrem Umfeld auseinander und werden auf diesem Weg zum Verständnis von anderen Kindern geführt. Die Kinder arbeiten mit einem zusätzlichen DIN-A5-Heftchen, das sie mit nach Hause nehmen. Sie beschäftigen sich mit den 10 Grundrechten und lernen, Rechte und Wünsche zu unterscheiden.*

32 Seiten

| Buch | 11 342 | 14,80 € |
|---|---|---|

2 3 4

Gabriela Rosenwald

## Als Oma und Opa noch zur Schule gingen
### Die Geschichte der Schule von früher bis heute

*Wie war eigentlich Schule zu Zeiten unser Groß- und Urgroßmütter? Diese Lernwerkstatt liefert Antworten - und noch viel mehr ....*

**Inhalt:** *Geschichte der Schule (Schule im 18./19. Jhdt., Tornister, Rudolf Steiner, Maria Montessori...); Lesen und Schreiben (Bleistift...); Rechnen; Schulleben (Belohnung und Strafen, Das Zeugnis...); Zum guten Schluss (Ausstellung „Schule früher") u.v.m.*

80 Seiten

| | | | PDF-Schullizenz |
|---|---|---|---|
| Buch | 10 977 | 18,80 € | |
| PDF | P10 977 | 14,99 € | 60,- € |

4

Gabriela Rosenwald

## Viele Kulturen – eine Welt
### Zusammenhalt stärken, Vielfalt vermitteln

**Inhalt:** *Kultur – was ist das eigentlich?; Entstehung der Menschheit; Kulturen in Asien/in Amerika; Afrika – der ursprünglichste Mensch; Juden – Israel; Hochkulturen rund ums Mittelmeer; Osmanen und Germanen; Weltreligionen; Sprachen; Bräuche, Feste, Speisen u.v.m.*

60 Seiten

| | | | PDF-Schullizenz |
|---|---|---|---|
| Buch | 11 631 | 16,80 € | |
| PDF | P11 631 | 13,49 € | 54,- € |

2 3 4

Gabriela Rosenwald

## Die Entwicklung des Menschen
### Vom Urmenschen zum modernen Menschen

*Die Entwicklung des Menschen wird in den einzelnen Schritten vom Australopithecus bis zum heutigen Homo sapiens in verschiedenen Stadien aufgezeigt. Über verschiedene Zugangsweisen beschäftigen sich die Schüler u.a. mit der Schöpfungsgeschichte der Bibel, Evolutionstheorie nach Darwin, Entwicklungsepochen der Menschheit und der Bedeutung des Feuers.*

56 Seiten

| | | | PDF-Schullizenz |
|---|---|---|---|
| Buch | 11 633 | 15,80 € | |
| PDF | P11 633 | 12,49 € | 50,- € |

2 3 4

*Petra Pfister & Christiane Zettl*

**NEU**

## Lama, Alpaka & Co

**Vielseitiger Zugang zur Familie der Kamele**

Aus dem Inhalt: *Alpaka, Lama und Co. (Tierkartei; Bestimmungsbuch; Steckbrief; Lama oder Alpaka?; Welche Tiere haben sich hier versteckt?; Verwandte Tiere; Rätseln und rechnen); Das Alpaka (Körperbau; Heimat; Wissenswertes; Das Vlies der Götter; Von der Alpakawolle zum Schal; Was aus Alpakawolle entstehen kann); Wir wandern mit Alpakas (Interview mit einem Experten; Zu Besuch bei Lamas und Alpakas); Basteln, spielen und rätseln (Näh dir ein Lama; Bastle dir ein Lama; Kakteen im Blumentopf; Andenlandschaft im Schuhkarton; Würfelspiel; Alpaka-Ausmalbild); Expertentest*

3 4

*52 Seiten*

| | | | PDF-Schullizenz |
|---|---|---|---|
| Buch | 12 400 | 16,80 € | |
| PDF | P12 400 | 13,49 € | 54,- € |

*Mila Müller*

## Freiarbeitstheke Dinosaurier

**NEU**

*Dinosaurier üben seit jeher eine große Faszination auf uns Menschen aus, egal ob jung oder alt. Diese Werkstatt entführt die Kinder auf eine Zeitreise in das Mesozoikum, das Erdmittelalter. Sie lernen die verschiedenen Dinosaurier und ihre Eigenschaften kennen, testen sich gegenseitig bei Quizfragen und erweitern dadurch spielerisch und scheinbar nebenbei ihr Allgemeinwissen. Die Arbeitsblätter bieten fächerübergreifende Aufgaben und Übungen für die Deutsch, Mathematik und Kunst. Optimales Freiarbeitsmaterial mit Lösungen zur Selbstkontrolle.*

3 4

*52 Seiten*

| | | | PDF-Schullizenz |
|---|---|---|---|
| Buch | 12 408 | 16,80 € | |
| PDF | P12 408 | 13,49 € | 54,- € |

*Gabriela Rosenwald*

## Die Welt der Dinosaurier

Inhalt: *Übersicht der verschiedenen Arten; Namen und Begriffe lese Wie die Dinosaurier zu ihrem Namen kamen; Die Erdzeitalter; Die En deckung der Dinosaurier; Verschiedene Dinosaurierarten; Brut und Au zucht des Nachwuchses; Saurischia; Ornithischia; Flug- und Fischsaur er; Das Ende der Dinos; Dinosaurier-Ideenkiste u.v.m.*

*80 Seiten*

| | | | PDF-Schullizenz |
|---|---|---|---|
| Buch | 11 134 | 19,80 € | |
| PDF | P11 134 | 15,99 € | 64,- € |

*Mila Müller*

## Dinosaurier an Stationen

*Anhand ansprechender Stationen werden verschiedene Zeitalter und ih prähistorischen Bewohner näher beleuchtet. Es gibt Steckbriefe zu ei gen Dinosauriern, sowie Vorlagen zum Basteln eines Dino-Mobiles. Ei Station bietet die Möglichkeit seine eigene Fossilien mit Gips/Ton zu e schaffen. So kann das Thema „Dinos“ aus vielen Blickwinkeln erarbeit und vertieft werden.*

*64 Seiten*

| | | | PDF-Schullizenz |
|---|---|---|---|
| Buch | 12 390 | 17,80 € | |
| PDF | P12 390 | 14,49 € | 58,- € |

*Autorenteam Kohl-Verlag*

## Dinosaurier Sechs Giganten unter der Lupe

*Ein 19-teiliges Legematerial, bei dem z.B. etwas über die zeitliche Einor nung von Dinosauriern oder deren Ernährung vermittelt wird. Werden d Kärtchen passend an das Sechseck in der Mitte angelegt, ergibt sich e großer Stern mit insgesamt sechs Strahlen. Ergänzt wird dieses Materi durch 28 Quizkarten, die das Gelernte aus dem Legematerial aufgreif und zusätzlich weiteres Wissen vermitteln.*

*32 Seiten* **FARBIG**

| | | | PDF-Schullizenz |
|---|---|---|---|
| Buch | 15 038 | 18,80 € | |
| PDF | P15 038 | 14,99 € | 60,- € |

# Rund um den Menschen

*Sandra Noa*

## Unser Körper

Inhalt: *Mein Körper (Körperteile, Skelett, Zähne ...); So bin ich entstanden (Fortpflanzung, Embryo im Mutterleib, Baby, Zellen, Haare ...); So funktioniert mein Körper (Gehirn, Herz und Blutkreislauf, Lunge und Atmung, Muskeln, Verdauung); Sinne (Sehen, Brille, Hören, Schmecken, Riechen, Fühlen ...); Gesundheit (Immunsystem, Blutkörperchen, Bewegung, Erste Hilfe) u.v.m.*

3 4

*52 S.*

| | | | PDF-Schullizenz |
|---|---|---|---|
| Buch | 10 729 | 16,80 € | |
| PDF | P10 729 | 13,49 € | 54,- € |

*Gabriela Rosenwald*

## Unsere Zähne Richtige Zahnpflege ist lebenswichtig!

Inhalt: *Das Milchgebiss; Der Aufbau der Zähne; Richtig Zähne putze Zahnpasta, Ka und Ries greifen an; Was mögen Zähne?; Gesunde L bensmittel; Gesunde Zähne; Zahnpflege; Beim Zahnarzt; Zähne versiege Wackelzähne u.v.m.*

*48 Seiten*

| | | | PDF-Schullizenz |
|---|---|---|---|
| Buch | 11 239 | 14,80 € | |
| PDF | P11 239 | 11,99 € | 48,- € |

*Gabriela Rosenwald*

## Gesundheit Gesund leben – gesund bleiben

Inhalt: *Was gehört zur Gesundheit?; Krank sein - was ist das?; Mikrober Kinderkrankheiten, Allergien; Hygiene und Sauberkeit, Händewaschen, Kopfläuse; Gesundheit rund um die Schule (Schulstress, Prüfungsangst, Mobbing ...); Schlaf u.v.m.*

*64 Seiten*

| | | | PDF-Schullizenz |
|---|---|---|---|
| Buch | 11 353 | 16,80 € | |
| PDF | P11 353 | 13,49 € | 54,- € |

*Anne Scheller*

## Sexualerziehung in der Grundschule

**Geschlechter, Liebe, Freundschaft, Pubertät**

*Ein sensibles, aber wichtiges Thema! Kopiervorlagen zur Freiarbeit und zum Stationenlernen!*

Inhalt: *Geschlechtsrollen, Geschlechtsorgane, Typisch Mann/ Frau, Freundschaft, Liebe, Partnerschaft (Verliebt, Vertrauen, Miteinander schlafen; Schütze dich); Pubertät; Von zwei winzigen Zellen zum niedlichen Säugling (Ein Kind entsteht); Kinderrechte; u.v.m.*

2 3 4

*52 Seiten*

| | | | PDF-Schullizenz |
|---|---|---|---|
| Buch | 10 853 | 16,80 € | |
| PDF | P10 853 | 13,49 € | 54,- € |

*Gary M. Forester*

## Von der Empfängnis zur Geburt

*Kurze Infotexte und passende Bilder zu den Entwicklungsstadien sind dem umfangreichen Legematerial zu einer spannenden Reise durch d Monate von der Empfängnis zur Geburt zusammengestellt.*

*48 Seiten* **FARBIG**

| | | | PDF-Schullizenz |
|---|---|---|---|
| Buch | 15 005 | 21,80 € | |
| PDF | P15 005 | 17,49 € | 70,- € |

*Mila Müller*

## Geschlechtererziehung an Stationen

**Übersichtliche Aufgabenkarten**

**NEU**

*Der Band unterstützt Lehrer - aber auch Eltern - bei der Vermittlung eines sehr persönlichen und sensiblen Themas: Der Geschlechtererziehung. Bei den Stationen handelt es sich um Aufgaben, die selbstständig von den Kindern bearbeitet und auch selbst kontrolliert werden. Die Aufgaben sind meist bewusst offen gehalten, sodass die Kinder individuell an das Thema herangehen können. So wird das Thema Sexualität kindsowie altersgerecht und einfühlsam vermittelt. Außerdem wird mit Gerüchten oder Falschaussagen „aufgeräumt“, die gerne unter den Heranwachsenden kursieren .....*

3 4

*48 Seiten*

| | | | PDF-Schullizenz |
|---|---|---|---|
| Buch | 12 405 | 15,80 € | |
| PDF | P12 405 | 12,49 € | 50,- € |

*Gary M. Forester*

## Die Entwicklung des Menschen

*Die Entwicklung des Menschen spiralförmig dargestellt. Einzelne farbi Segmente bilden eine übersichtliche Entwicklungsspirale. Das farbige M terial besteht aus Segmenten zur körperlichen Entwicklung ... und ma sie sichtbar!*

*48 Seiten* **FARBIG**

| | | | PDF-Schullizenz |
|---|---|---|---|
| Buch | 15 012 | 19,80 € | |
| PDF | P15 012 | 15,99 € | 64,- € |

*Gary M. Forester*

## Die fünf Sinne

*Legematerial zu den fünf Sinnen hören, riechen, sehen, schmecken und fü len. Das ansprechende Material bietet neben zahlreichen Infos in Textfo auch eindrucksvolle Bilder und Wissenswertes über die Funktionsweise d jeweiligen Sinnes.*

*32 Seiten* **FARBIG**

| | | | PDF-Schullizenz |
|---|---|---|---|
| Buch | 15 020 | 18,80 € | |
| PDF | P15 020 | 14,99 € | 60,- € |